■ 구역 출석부 ■

번호	이 름 \ 주 월 일	1	2	3	4	5	6	7	8	9	10	11	12
1													
2													
3													
4													
5													
6													
7													
8													
9													
10													
11													
12													
13													
14													
15													
16													
17													
18													
19													
20													
21													
22													
23													
24													
25													
통계란	출 석												
	결 석												
	현 금												

13	14	15	16	17	18	19	20	21	22	23	24	25	26		출석	결석	현금	

★27주부터는 책뒷부분에 있음

■ 구역원 명부 ■

(　　　　구)

번호	이름	생년월일	직업	가족수	연락처
1					
2					
3					
4					
5					
6					
7					
8					
9					
10					
11					
12					
13					
14					
15					
16					
17					
18					
19					
20					
21					
22					
23					
24					
25					

구역예배·속회용

구역예배서

구역예배·속회용

구역예배서

2025년 10월 17일 초판 인쇄
2025년 10월 29일 초판 발행

지은이 | 박종순, 김창근, 최종인, 이진우, 김병삼, 옥성석
펴낸이 | 황성연
펴낸곳 | 한국문서선교회
주 소 | 경기도 파주시 광탄면 혜음로 883번길 39-32
주문처 | 하늘물류센타
전 화 | 031-947-7777
팩 스 | 0505-365-0691

ISBN 978-89-8356-315-6 (13230)

구역예배 · 속회용

구역예배서

박종순 · 김창근 · 최종인 · 이진우 · 김병삼 · 옥성석

한국문서선교회

일러두기

1. 성경은 개역개정판을, 찬송은 21세기 새찬송가를 사용했으며, ( ) 안에 통일찬송가를 표기해 두었다.

2. 외울 말씀은 한번 복창해 보고 외워 볼 수 있는 시간을 주는 배려도 좋을 것이다.

3. 기도의 경우는 본문 주제에 맞춘 간단한 기도문으로, 구역원의 가정과 교회, 예배드리는 가정을 위해 기도한다.

4. 학습 문제의 답은 그날 공부한 것을 복습하는 것이므로 주제에 어긋나지 않는 한 여러 답안이 제시될 수 있다.

5. 중보기도는 한 주간 동안의 기도 제목으로 정하여도 좋을 것이며, 개인의 특별한 기도 제목을 첨가해도 좋을 것이다.

6. 만남의 준비는 다음 구역예배를 은혜스럽게 하기 위한 준비 과제이므로 반드시 성경 말씀을 미리 알려주어 읽고 묵상하도록 한다.

머리말

올해도 「구역예배서」를 펴내게 하신 하나님께 영광과 감사를 드립니다.

이스라엘 지파 수는 열둘이었고, 예수님의 제자 수도 열둘이었습니다. 열둘은 역사적 의미를 담고 있는가 하면, 소그룹 조직의 적정 수이기도 합니다.

한국교회의 경우 대형 집회나 부흥회가 어려워질수록 소그룹 운동이 활성화가 되어야 합니다. 구역(속회)은 교회 안의 소그룹 운동이면서 성도 간의 유대를 이어주는 끈끈한 줄이기도 합니다. 교회를 활성화하고 바른 교회를 이루는 데 구역이나 속회의 기여도는 매우 높습니다.

올해도 공동 집필에 함께 해주신 분들이 있습니다. 김병삼 목사님, 김창근 목사님, 옥성석 목사님, 이진우 목사님, 최종인 목사님. 정도 목회로 한국교회를 견인하는 귀한 분들입니다.

구역예배서가 바른 교회, 바른 신앙, 바른 예배의 길라잡이가 되길 바라면서 펴냅니다. 한국문서선교회 가족들, 집필에 나서주신 목사님들 그리고 구역예배 가족들 모두 감사합니다.

집필자를 대표하여 박종순 목사

구역예배 인도지침

이「구역예배서」를 사용하면서 예배를 인도하는 데 있어 다음 사항을 잘 참고하면 크게 도움이 될 것이다.

1. 구역예배의 준비

"교회 부흥은 구역의 부흥에서부터"란 말이 있다. 그러므로 구역의 책임을 맡은 구역장이나 권찰은 구역의 목회자라는 소명감으로 구역을 잘 관리하고 돌보아야 한다.

구역 운영에서 중요한 것이 구역예배인데, 예배를 인도하는 자는 다음의 몇 가지를 특히 유의해서 준비함으로써 예배가 은혜스럽도록 해야 한다.

(1) 장소 : 구역예배는 구역원의 가정을 돌아가면서 드리는 것이 상례이나 부득이 사양하는 가정이 있으면 강요하지는 말아야 한다. 장소의 결정은 적어도 1주일 전에 동의를 얻어 정하고, 예배 2~3일 전에 반드시 확인해야 한다.

(2) 시간 : 주님이 고난당하신 날인 성금요일에 대개 모이고 있다. 특히 금요일은 삼일 기도회와 주일의 중간이므로 적당하나, 모이는 가정의 사정에 따라 다른 날에 모여도 무방하다. 시간은 편리한 시간을 정해서 하되 식사 시간은 피하는 것이 좋으며, 특히 농촌이나 직장인을 중심으로 하는 구역에선 일과가 끝난 저녁 시간에 모이는 것도 좋다.

(3) 말씀 준비 : 구역예배에 있어서도 다른 예배와 마찬가지로 말씀 증거가 중심이 된다. 그러므로 인도자는 기도로 준비하고, 본문 말씀을 잘 파악해서 증거해야 한다.

그리고 공과(설교집)를 완전히 마스터해서 자기의 설교로 소화한 다음에 전해야 은혜가 된다. 이때 특별히 유의할 점은 구역원의 사정을 잘 살펴서 한 사람이라도 상처를 입거나 시험에 들 이야기는 삼가야 한다.

2. 예배의 진행 및 순서

(1) 여는 기도 : 개회시에 조용히 머리 숙여 마음을 가다듬을 때 사회자가 성경을 1-2절 봉독하는 것이 은혜스럽다. 대개 시편에서 찾아 읽는 것이 좋으나 그 가정의 특별한 상황이나 혹은 설교 내용과 부합되는 구절을 찾아 읽는 것도 좋다.

사도신경으로 신앙을 고백함으로써 예배를 시작하는 것도 좋다.

(2) 찬송 : 주제에 맞추어 2곡씩 실었다. 그러나 그 가정에서 원하는 찬송을 부르는 것도 좋다. 예배의 분위기에 따라 많이 부를 수도 있다.
※ 21세기 새찬송가 / (   ) 안은 통일찬송가이다.

(3) 기도 : 구역원 중에서 간단 명료하게 하는 것이 좋다.

(4) 성경 봉독 : 성경 본문을 서로 윤독하는 것이 좋으나, 본문이 짧은 경우는 사회자와 교우가 교독하는 것도 좋다.

(5) 설교 : 본 설교집을 바탕삼아 충분히 준비해서 하되, 시간은 10분 정도가 적당하다고 본다.

(6) 학습 문제 : 설교의 매 편마다 학습 문제를 제시했다. 인도자는 질문을 해서 구역원들이 답을 하도록 유도하는 것이 좋다.

(7) 기도 : 설교자가 한다. 증거한 말씀이 삶에 적용되기를 위하여, 구역원들의 신앙과 가정을 위하여, 그 모인 가정을 위하여 할 것이다. 교회와 나라를 위하여 기도하는 것도 좋다. 특히 구역 내에 환자나 어려움을 당한 가정이 있을 경우 그를 위해 기도하는

것을 잊지 말아야 한다.

(8) 헌금 : 교회 방침에 따라 한다.

(9) 보고 : 출석 확인, 회계 보고 등을 한다. 애경사나 구역원의
협조를 요하는 일이 있으면 광고한다.

(10) 찬송 : 폐회 찬송은 설교에 맞추어 힘차고 기쁜 찬송을 택할 것
이다.

(11) 폐회 : 주기도문으로 폐회한다. 목사님을 모셨을 경우는 축도로
폐회하는 것도 좋다.

3. 친교

구역예배는 구역원간의 교제를 통해서 결속을 돈독히 하는 데 목적이
있다. 그러므로 예배를 마치고 간단한 다과를 나누며 성도의 교제 시간
을 갖는 것이 유익하다(대부분의 구역이 이를 시행하고 있다).

여기에서 주의할 것은 그 가정에 너무 큰 부담을 주어서는 안 된다는
것이다. 가정 형편이 어려운 집은 모이기를 기피하고 이로 인해 시험
당할 수도 있기 때문에 간단히 하도록 지도해야 할 것이다. 구역 형편
에 따라 이를 폐지해도 무방하다.

또 하나는 대화의 내용이다. 모든 대화는 믿음 안에서 할 것이며, 신
앙생활에 부덕한 화제는 피해야 한다. 남의 흉을 보거나 상처를 주는
말은 하지 말아야 한다.

목차

PART 03 최종인 목사 편

PART 04 이진우 목사 편

PART 01

박종순 목사 편

1월 · 말씀의 결단을 세우는 달

2월 · 청지기 정신을 실천하는 달

1. 주의 이름

성경 : 시편 44:4-8 (외울 말씀 5절)
찬송 : 371장(419), 377장(451)
주제 : 주의 이름으로 삶의 복판에 승리의 깃발을 꽂을 수 있습니다.

시편 44편은 고라 자손이 부른 노래입니다. 국가나 개인이 어려움을 당했을 때 하나님께 호소하고 구원을 요청하는 기도 찬송 시입니다.

1. 옛날 일을 회상합니다

조상들이 후손들에게 지난 역사를 얘기했고, 그 이야기를 들으며 자랐다는 것입니다(1절). 이스라엘 사람들은 구전으로 자손들에게 역사를 가르쳤습니다. 가정 식탁에서, 회당에서, 성전에서 역사를 가르쳤습니다. 후손들은 그 역사를 들으며 자랐습니다. 430년 기나긴 세월 애굽의 종살이를 견딜 수 있었던 것도, 서슬 퍼런 바로 왕과 맞서 이길 수 있었던 것도, 홍해 바다를 걸어서 건널 수 있었던 것도, 광야에서 살아남은 것도, 가나안 땅에 들어가 나라를 세운 것도 하나님의 역사였다고 배웠습니다.

이스라엘 사람들은 후손들에게 고난의 역사를 가르칩니다. 그리고 어떻게 그 고난의 역사를 극복했는가를 가르칩니다. 고라 자손의 경우 조상들이 저질렀던 나쁜 역사를 이야기하지 않았다면 불행한 역사를 반복했을 것입니다. 그러나 그들은 자존심과 수치심을 버리고 지나간 이야기를 후손들에게 가르쳤습니다. 말씀 위에 굳게 서기를 바랐습니다.

2. 하나님의 구원을 찬양합니다

애굽에서 430년, 바로의 박해를 어떻게 견딜 수 있었습니까? 홍해를 건널 때, 광야 40년, 숱한 고난과 역경을 누가 면하게 해줬습니까? '칼로 이긴 게 아니다. 우리 힘으로 한 게 아니다. 내 손이 아니라 주의 오른손이, 내 팔이 아니라 주의 팔이, 내 힘이 아니라 하나님의 힘이' 구원하셨다는 것을 노래합니다(3절).

특히 주의 오른손, 주의 팔, 주의 얼굴빛으로 하셨다는 고백을 주목해야 합니다. 주의 손, 주의 팔, 주의 얼굴은 살아계심과 능력, 권세, 권위를 의미합니다. 강하신 주의 손이 나를 구원하시고 지키신다는 것은 노래하고 있습니다.

우리가 할 일은 하나님의 손을 붙잡는 것입니다(시 138:7-8).

내 손으로 안 됩니다. 내 팔로는 안 됩니다. 내 얼굴 가지곤 안 됩니다. 내 지팡이로는 안 됩니다. 주의 오른손, 주의 지팡이로 가능합니다. 문제도, 구원도, 하나님이 해결하셨다는 것을 시인은 노래하고 있습니다.

3. 주의 이름을 찬양하고 있습니다

누가 대적입니까? 애굽이 대적이었고, 바로 왕이 대적이었습니다. 그리고 광야에서는 아말렉, 미디안, 모압, 암몬, 블레셋 등이 대적이었습니다. 그런데 다 이겼습니다. 시인은 대적을 눌렀다, 밟았다라고 표현했습니다(5절). 전쟁에 지면 짓눌리고 짓밟힙니다. 그러나 이기면

적을 누르고 짓밟게 됩니다. 그건 승자의 특권이기도 합니다. 시인은 어떻게 대적을 누르고 짓밟을 수 있었는가를 설명합니다. 바로 '주를 의지하여', '주의 이름으로' 했습니다.

다윗도 같은 고백을 했습니다. "주를 의지하고, 주의 이름으로 적군을 이겼습니다. 짓밟았습니다. 담도 뛰어 넘었습니다"라고 노래합니다(시 18:29). 고라 자손보다 하나님의 능력을 의지하고 달리고 이기며 산 사람은 다윗입니다. "달렸다, 담을 넘었다"는 것은 개선가입니다. 이것이 우리의 고백과 노래가 되어야 합니다. 다윗의 고백 처럼 "주의 이름"을 깊이 묵상해야 합니다. 주의 이름의 능력을 확인해야 합니다. 다윗은 소년 시절부터 주의 이름과 능력을 체험했습니다.

주의 이름으로 기도합시다. 주의 이름으로 악한 세력을 물리칩시다. 악한 영, 거짓의 아비, 꾀이는 자, 시험하는 사탄을 물리칩시다. 절망, 고통, 좌절, 실패, 질병도 주의 이름으로 물리칩시다. 주의 이름으로 이기고 내 삶의 복판에 승리의 깃발을 꽂읍시다.

주님의 이름을 높이고 찬양하고 선포합시다. 아멘!

▶ 학습 문제

(1) 하나님이 구원의 손을 펼치실 때 우리가 할 일은 무엇입니까(시 138:7-8)?

　답: 우리가 할 일은 하나님의 손을 붙잡는 것입니다.

(2) 주의 이름을 믿는다는 것은 무슨 의미입니까?(행 4:12, 롬 10:13, 요 14:14, 16:24)

　답: 주의 이름으로 이기고 구원받고 응답받고 기뻐하게 된다는 것입니다.

🌿 기도

사랑의 하나님, 절망, 고통, 좌절, 실패, 질병을 주의 이름으로 물리치게 하소서. 주의 이름으로 승리의 깃발을 꽂는 한 해가 되게 하소서. 예수님의 이름으로 기도합니다. 아멘.

🌿 중보기도

(1) 주의 이름을 부를 때 새로운 결단과 헌신이 일어나게 하소서.

(2) 한국 교회가 말씀과 기도 가운데 부흥을 경험하는 새해가 되게 하소서.

▶ 만남의 준비

출애굽기 34:29-35절을 읽고 내 얼굴은 밝고 빛나고 있는지 생각해 봅시다.

2. 빛나는 얼굴

성경 : 출애굽기 34:29-35 (외울 말씀 29절)
찬송 : 90장(98), 285장(209)
주제 : 주님을 바라보고 말씀에 순종하면 얼굴이 달라집니다.

모세는 40일간 시내산에 머물며 십계명과 생활법, 제사법, 성막법, 성소법 등을 받아 내려왔습니다. 문제는 모세를 기다리고 있던 사람들입니다. 아론의 주재로 춤추고 먹고 마시고 떠드는 굿판이 벌어지고 있었습니다. 애굽 사람들이 하던 짓을 그대로 하고 있었습니다. 하나님 예배는 시끄럽지 않습니다. 하나님께 드리는 제사는 소란스럽지 않습니다. 그런데 그날 송아지 숭배는 떠들고 시끄럽고 현란했습니다. 이 광경을 지켜 본 모세는 분노가 치밀어 올랐습니다.

그때 모세의 얼굴은 어떤 얼굴이었을까요? 빙긋이 웃는 인자한 얼굴이었을까요? 분노로 일그러진 얼굴이었을까요? 두 돌판을 던지는 모세 얼굴은 결코 편한 얼굴이 아닙니다. 이 사건으로 십계명 돌판은 깨어졌고 황금송아지는 가루가 되었고 주동자와 주모자들 3천여 명이 죽었습니다. 비극적 사건이었습니다.

그런데 출애굽기 34장을 보면 모세가 시내산에 올라가 두 돌판에 쓴 십계명을 다시 받게 됩니다. 그리고 40일 만에 이스라엘 백성에게로 내려왔습니다. 다시 돌판을 가지고 내려올 때 모세 얼굴이 광채로 빛났습니다(29-30절).

모세 얼굴에 광채가 난 것은 우연한 사건이 아닙니다. 두 가지 이유 때문입니다.

1. 시내산에서 40일을 기다리며 자신을 통찰했기 때문입니다.

모세는 40일 머무는 동안 지난 사건을 생각했을 것입니다. 그리고 자신의 삶과 한 일을 통찰했을 것입니다. 자신을 깊이 있게 돌아보는 기회가 됐을 것입니다. '이젠 안 그래야지, 나를 통제해야지'라고 다짐했을 것입니다. 본래 모세 성격은 다혈질입니다. 다른 사람의 잘못을 그냥 넘기지 못하고 화를 잘 내곤 했습니다.

현대인은 거의 다 화가 나 있습니다. 스트레스, 코로나 팬데믹, 경제적 위기, 비대면 사회현상 등이 겹쳐 모두가 화가 나 있습니다. 잘못 건드렸다간 무슨 벼락이 어떻게 떨어질지 예측 불가입니다.

이럴 때 모세의 시내산이 필요합니다. 바울에게 아라비아 광야가 필요했던 것처럼 시내산이 필요하고 광야가 필요합니다.

길이 막혀도, 장벽이 앞을 막아도 참고 기다리고 계속 노력하는 것을 인내라고 합니다. 우리 시대는 인내가 필요합니다. 서두르고 조급하고 화내고 성깔 부리고 소리 지르고 집어 던지면 신앙도 망가지고 일도 되지 않습니다.

모세의 시내산 40일! 우리도 시내산으로 올라갑시다.

2. 하나님을 대면했기 때문입니다.

시내산에서 40일, 아니 40년을 머물면 뭐합니까? 시내산 등산은 의미가 없습니다. 모세는 두 번째 시내산에 올라 40일 동안 음식도 물도 마시지 않았습니다. 생명을 건 것입니다. 그리고 하나님과 대면했습니다. 기도하고 대화하고 하나님 뵙고 그러는 동안 모세 얼굴이 변한 것입니다. 모세 얼굴이 변했다는 것은 모세의 마음이, 즉 영이 변했다는 것입니다. 본래 모세 얼굴은 광채 나는 얼굴이 아니었습니다. 낮엔 덥고 밤엔 추운 곳, 거센 바람이 부는 곳, 뜨거운 햇빛이 작렬하는 곳, 거기가 광야입니다. 모세 얼굴은 햇빛에 그을려 구리빛이었을 것이고 주름 투성이였을 것입니다. 그런데 어떻게 광채가 날 수 있습니까? 이것은 영적 사건입니다. 피부과나 성형외과 사건이 아닙니다.

예수님이 원장이신 성형외과에서 얼굴을 성형합시다. 모세처럼 광채 나는 얼굴은 아니더라도 평안한 얼굴, 깨끗한 얼굴, 찡그리지 않은 얼굴, 흉측스럽지 않은 얼굴, 겁나지 않는 얼굴, 부드러운 얼굴로 만듭시다. 그러려면 먼저 내 영혼이 건강해야 합니다. 그러려면 주님 바라보고 말씀 순종하고 신앙관리 잘합시다. 그리고 "얼굴 달라졌네요, 얼굴 좋아졌네요, 얼굴이 빛나네요."라는 칭찬을 서로 주고받읍시다.

새 해! 새 얼굴! 새 사람! 아멘.

▶ **학습 문제**

(1) 모세처럼 빛나는 얼굴이 되기 위해서 필요한 것은 무엇입니까(출 34:27-28)?

답: 길이 막혀도, 장벽이 앞을 막아도 참고 기다리는 노력입니다.

(2) 주님을 바라보고 말씀에 순종하기 위해서는 어떻게 해야할까요(시 105:4, 139:7)?

답: 하나님의 얼굴을 구하고, 그 앞에 있어야 합니다.

✵ **기도**

은혜의 하나님, 짜증, 불안, 우울을 담고 있는 우리네 인생이 달라지게 하소서.

말씀에 순종하여 부드러운 말과 미소를 짓게 하소서. 예수님의 이름으로 기도합니다. 아멘.

❄ 중보기도

(1) 좌절과 절망 가운데 사는 이웃들이 구원을 베푸시는 하나님을 찾게 하옵소서.

(2) 서로를 이해하며 격려하고 칭찬하는 대한민국이 되게 하소서.

▶ 만남의 준비

이사야 40:1-8절을 읽고 이스라엘의 회복은 어떻게 가능했는지 생각해 봅시다.

3. 위로하라, 외치라

성경 : 이사야 40:1-8 (외울 말씀 1절)
찬송 : 288장(204), 500장(258)
주제 : 예수 그리스도만이 참된 위로자이자 구원자이심을 담대히
외치라고 명하십니다.

이사야 40장은 바벨론에 포로로 붙잡혀 간 이스라엘을 하나님이 회복하신다는 예언입니다. 이스라엘을 구원하는 것은 강대국도 사람도 아니고 하나님이 하신다는 것입니다.

1. 위로하라

1절은 "내 백성을 위로하라"고 했습니다. "위로"란 '곁에 머문다, 함께 한다'는 뜻입니다. 사람은 참 위로자가 아닙니다. 하나님만 나와 함께 하시고 내 곁에 계십니다. 하나님만 참 위로자, 영원한 위로자이십니다. 하나님이 이사야에게 "내 백성을 위로하라"고 하신 것은 "네가 위로자"라는 뜻이 아니고 "하나님의 위로를 전하라"는 것입니다. 위로의 요지는 '포로 생활이 끝나고 고국으로 돌아온다. 너희 죄는 사함 받았다(2절) 모든 것을 회복하신다(4절)'입니다. '길고 먼 70년 포로 생활이 끝난다. 그동안 지은 죄를 다 용서하신다. 골짜기는 돋우어지고 언덕은 낮아지고 험한 곳은 평지가 된다'는 것입니다.

포로 생활로 고통받고 절망에 빠진 사람들에게 이보다 더 큰 위로와

소망이 있을 수 없습니다. 이 위로는 현대인에게도 필요합니다. 남녀노소, 동서남북에 사는 사람들, 전쟁의 공포와 핵무기의 위협에 고통받는 사람들, 외롭고 힘들고 답답하고 슬프고 속상한 사람들에게 위로가 필요합니다.

나는 교회를 다니는데 왜 외롭습니까? 왜 고독합니까? 왜 힘이 없습니까? 왜 문제가 안 풀립니까? 라고 묻는 사람이 있습니다. 그 이유는 간단합니다. 교회는 다녔지만 임마누엘이신 예수님을 만나지 못했기 때문입니다.

다른 사람이 보는 나와 내가 아는 나는 일치하지 않습니다. 내가 보고, 내가 아는 내가 진짜 나입니다. 예수를 안다는 것과 믿는다는 것은 다릅니다. 아노라가 아니라, 믿노라 해야 합니다. 그러나 하루아침에 신자가 되고 제자가 되는 것은 아닙니다.

신앙생활에는 고속도로가 없습니다. 초음속 제트기도 없습니다. 한 걸음, 한 걸음 주님이 가르쳐주신 그 길을 따라 걷는 것, 그것이 신앙생활이고 신앙훈련입니다.

내 백성을 위로하라!

우리는 위로를 받았습니다. 그 위로를 다른 사람에게 전해야 합니다.

2. 외치라

이사야 40:6을 보면 "외치라", "무엇이라 외치리이까"라는 대화가 나옵니다.

"외치다"의 뜻은 다른 사람의 주의를 끌도록 큰 소리로 말하는 것입니다. 무엇이라 외치리이까? 그 답은 "하나님이 포로 된 이스라엘을 바벨론으로부터 해방시키시고 예루살렘으로 돌아오게 하신다. 그리고 메시아를 보내 구원하신다"는 것을 외치라는 것입니다. 즉 하나님의 구원하심과 회복하심을 외치라는 것입니다.

교회는 다투는 소리, 시끄러운 소리, 사람 소리, 세상 소리가 크면 안 됩니다. 그러나 찬송 소리, 기도 소리, 말씀 전하는 소리는 커야 합니다. 찬송 소리, 기도 소리, 전하는 소리가 작아지면 안 됩니다.

기력과 소리는 비례합니다. 병들면 소리가 작아집니다. 허약해지면 소리도 허약해집니다. 영혼이 건강한 사람은 신령한 소리가 크지만, 영혼이 병들면 신령한 소리가 작습니다. 건강한 교회는 기도 소리, 아멘 소리, 찬송 소리가 큽니다.

교회가 할 일은 무엇입니까? 상처받은 사람들, 고통받는 사람들, 소외당한 사람들, 힘겹고 아픈 사람들, 방황하는 사람들, 그들을 위로하는 것입니다.

"내 백성을 위로하라"

그리고 예수 그리스도만 참 길이요 진리요 생명이라는 것을, 예수 그리스도만 참 위로자라는 것을, 예수 그리스도만 구원하시고 회복하신다는 진리를 외쳐야 합니다.

겁내지 말라, 침묵하지 말라, 외치라.

위로하라! 외치라! 아멘.

▶ **학습 문제**

(1) 이사야 40장이 말하는 '위로'의 본질은 무엇이며, 왜 하나님만이 참된 위로자가 되십니까(1절)?

　　답: 하나님께서 자신의 백성 곁에 임재하시고, 문제의 근원을 해결해주시는
　　　　적극적인 돌봄을 의미합니다.

(2) 이사야 40장이 강조하는 '외침'의 내용은 무엇이며, 이 메시지를 담대히 외쳐야 하는 이유는 무엇인가요?

답: '하나님의 구원하심과 회복하심'에 대한 선포입니다. 예수님만이 참된 위로와 구원이시기 때문입니다.

✤ 기도

사랑과 위로의 하나님, 예수 그리스도를 더욱 깊이 만나 참된 평안과 힘을 얻게 하시고, 주님 주시는 위로가 우리 삶의 모든 영역에 가득하게 하옵소서. 예수님의 이름으로 기도합니다. 아멘.

✤ 중보기도

(1) 앞날이 보이지 않아 외로워하는 이웃들이 구원을 베푸시는 하나님을 간절히 찾게 하소서.

(2) 사회 곳곳에 만연한 갈등과 분열, 비난과 다툼의 소리가 그치게 하시고, 서로를 이해하고 격려하며 칭찬하는 아름다운 공동체가 되게 하옵소서.

▶ 만남의 준비

열왕기하 5:9-14절을 읽고 우리의 삶에 필요한 구원과 회복을 생각해 봅시다.

4. 일곱 번 씻으라

아람 나라는 현재 시리아 지역으로 보면 됩니다. 이스라엘과 아람은 사이가 좋을 때도 있었고 전쟁을 치를 때도 있었습니다. 열왕기하 5장 기사는 이스라엘 여호람이 왕으로 나라를 다스릴 때였고, 엘리사 선지자가 활동하고 있을 때 있었던 일입니다.

1. 요단강에 가서 일곱 번 씻으라고 했습니다(10절).

엘리사의 거처를 방문한 나아만은 아람 왕국의 제2인자, 국방장관, 왕의 신임을 받는 사람입니다. 뛰쳐나와 예의를 갖추고 영접해야 합니다. 그런데 엘리사는 내다보지도 않았습니다. 나아만으로서는 자존심이 상했습니다. 나아만으로서는 있을 수 없는 일을 당한 것입니다. 더군다나 요단강에 가서 목욕을 하라니요? 이 말은 나아만을 더 화나게 만들었습니다. 요단강 물은 우기에는 흙탕물로 변하고 건기에는 수량이 줄어 얕은 개천이 됩니다. 목욕할 만한 강이 아닙니다. 분노가 치민 나아만이 아람으로 돌아가자며 발길을 돌린 것은 당연합니다. 그러나 그때, 거기서 자존심 때문에 돌아갔다면 평생 나병을 안고 살다가 죽었을 것입니다.

2. 수행원들의 조언을 받아들였습니다.

나아만의 수행원들은 달랐습니다. 훌륭한 종들이었습니다. '그냥 가시면 안됩니다. 씻으면 깨끗하게 된다는데 해보십시다'라고 한 것입니다(13). 수행원들의 긍정적 조언이 아니었다면 나아만은 돌아갔을 것이고 고침 받지 못했을 것입니다.

멘토(mentor)라는 말이 있습니다. 경험이나 지식이 많은 사람이 스승 역할을 하는 것 그리고 지도하고 조언하도록 돕는 사람을 멘토라고 합니다. 멘티(mentee)라는 말이 있습니다. 멘토의 조언과 지도를 받고 따르는 사람을 멘티라고 합니다. 나아만의 종들은 종이라기보다 훌륭한 멘토였습니다. 그리고 나아만은 멘토의 조언을 듣고 따른 훌륭한 멘티였습니다. 바른 멘토가 돼야 하고, 믿고 따르는 멘티가 돼야 합니다.

3. 요단강으로 가서 그대로 했습니다.

물로 몸을 씻는 것은 완전히 치료됐다는 증거입니다. 그렇게 본다면 엘리사 선지자가 나아만에게 '가서 씻으라'고 한 것은 '너는 이미 치료됐다'는 선포가 됩니다. 요단강까지 30km를 걸어서 가는 것, 그리고 일곱 번 목욕하는 것은 이미 고쳤다는 말씀을 믿고 순종하는 것입니다.

"일곱 번 씻으라!" 이것은 치료를 전제한 하나님의 명령이고 약속입니다. 그 약속대로 하면 고침 받고, 안 하면 고침 받지 못합니다.

무엇을 '하라'보다 '믿으라'가 먼저입니다. 그리고 '전폭적으로 믿으라, 완전히 믿으라'가 구원의 전제 조건입니다(약 1:6-7).

저울질하면 기도 응답도 못 받고 병도 못 고치고 구원도 받지 못합니다. 의심하지 않고 믿어야 죄사함 받고 구원받고 병 고치고 문제 해결합니다.

4. 엘리사를 다시 찾아왔습니다.

나병(한센병)은 그 증상이 피부에 드러납니다. 나아만의 살이 어린아이의 살 같이 회복되어 깨끗하게 됐다는 것은 완전치료, 완전회복이 됐다는 것입니다.

나아만은 자기 나라로 돌아가기 전, 두 가지를 제안합니다. 첫째는 이곳 흙을 가지고 가게 해주십시오. 기념으로 가져가 흙을 볼 때마다 하나님의 은혜를 기억하겠습니다. 둘째는 다른 신을 섬기지 않고 하나님께만 제사를 드리겠습니다.

엘리사는 나아만에게 "평안히 가라"고 했습니다(5:19).

불치병 고치고 새 사람 됐으니 너희 나라로 "평안히 가라"는 것입니다.

평안히 가라! 가서 받은 은혜, 받은 기적을 선포하라!

일곱 번 씻으라! 평안히 가라! 아멘.

▶ 학습 문제

(1) 나아만의 수행원들은 나아만에게 어떤 긍정적인 영향을 미쳤나요(13절)?

　　답: 지혜로운 멘토의 역할을 통해 놀라운 회복이 일어났습니다.

(2) 나아만이 요단강에서 엘리사의 말을 따랐을 때 나타난 결과는 무엇입니까 (왕하 5:19)?

　　답: 하나님의 말씀에 대한 믿음과 순종을 보였을 때 온전한 구원과 치유가 일어났습니다.

⚜ 기도

사랑과 치유의 하나님, 주님만이 참된 치유자이시며 구원자이심을 고백하오니, 모든 연약함과 문제들을 주님께 맡길 때에 온전한 회복을 경험하게 하옵소서. 예수님의 이름으로 기도합니다. 아멘.

⚜ 중보기도

(1) 교만과 불신으로 인해 영적인 나병, 곧 죄와 절망의 문제로 고통받는 이들을 구원하옵소서.

(2) 교회 안에서 사람의 소리나 세상의 소리가 아닌 찬송 소리, 기도 소리, 그리고 담대히 말씀을 전하는 소리가 크게 울려 퍼지게 하옵소서.

▶ 만남의 준비

마가복음 8:22-26절을 읽고 영적 세계에 대해서 생각해 봅시다.

5. 무엇이 보이느냐

성경 : 마가복음 8:22-26 (외울 말씀 25절)
찬송 : 279장(337), 384장(434)
주제 : 영적세계는 신령한 눈, 영의 눈, 믿음의 눈으로 봅니다.

예수님께서 벳새다 마을을 방문하셨고 거기서 맹인의 눈을 뜨게 해 주셨다는 것이 본문의 내용입니다.

1. 그를 데리고 온 사람들이 있었습니다.

22절을 보면 "사람들이 맹인 한 사람을 데리고 예수께로 왔다"고 했습니다. 한마디로 좋은 사람들입니다. 맹인은 자신의 결단이나 행동만으로 예수께로 올 수가 없습니다. 그런데 그를 데리고 온 사람들이 있었습니다. 친척인지, 친구인지, 뭘 하는 사람들인지, 나이도 이름도 직업도 기록이 없습니다. 중요한 것은 "데리고 왔다"는 것입니다.

우린 어떤 역할을 해야 합니까? 다른 사람을 도와주고 이끌어주고 바른길로 인도해 주는 사람, 다른 사람을 의의 길로 하나님께로 진리에로 인도하는 사람은 별처럼 영원히 빛난다는 것입니다(단 12:3).

나는 누구에게 어떤 역할을 하고 있습니까? 나는 아무개를 어디로 데려가고 있습니까? 친구 따라 강남 간다는 말이 있습니다만 그 강남이 어디냐, 뭘 하는 곳이냐, 누가 있는 곳이냐가 중요합니다. 분별력도 없고 판단력도 없고 그래서 어디로 가야 하는지 뭘 해야 하는지 누구를 만나야 하는지 모르는 사람, 이곳저곳 헤매는 사람, 방황하는 그 사람을 예수께로 데려옵시다.

2. 무엇이 보이느냐고 물으셨습니다.

그러자 그는 "사람들이 보입니다. 나무 같은 것들이 걸어가는 것이 보입니다"라고 했습니다(막 8:24). "사람이 보입니다, 물체가 보입니다." 여기까지는 육안의 세계입니다. 그러나 다른 세계도 보아야 합니다. 하나님을 바라본다는 것은 "믿고 맡기는 것, 기도로 소통하는 것, 소망과 기대를 하나님께 두는 것"입니다. 하나님을 보고 신령한 세계를 보고 영원한 나라를 보고 하나님의 기적을 보는 것이 영안의 세계입니다. 영의 눈을 뜨고 주님을 바라보아야 합니다(미 7:7).

복음서에서 찾아볼 수 있는 맹인과 관련된 기사(막 10:46-52, 눅 18:35-43)에서 공통점을 찾을 수 있습니다. 눈을 뜨게 된 후 다른 데로 가지 않고 예수님을 따라 나섰다는 것입니다. 예수님을 만나고 믿고 고침 받고 구원받은 것은 엄청난 사건입니다. 그러나 그 이후에 어떻게 사느냐. 예수 믿고, 구원 받고 난 후 어떤 삶을 사느냐. 즉, 구원 이후의 삶이 더 중요합니다. 믿고 구원 받는 것으로 끝내면 안 됩니다. 은혜를 받은 것으로 끝나면 안 됩니다.

우리는 세 가지 세계를 보고 있습니다. 물질세계는 육안으로 봅니다. 정신세계는 지식과 지혜의 눈으로 봅니다. 그러나 영적세계는 신령한 눈, 영의 눈, 믿음의 눈으로 봅니다.

미국 사람들이 직접 뽑은 대통령보다 더 존경하는 사람으로 패니 크로스비(Fanny Crosby) 여사를 뽑았습니다. 크로스비는 생후 6주 만에 의사의 오진으로 안약을 잘못 넣어 시력을 잃었습니다. 그녀는 95년

간 맹인으로 살아야 했습니다. 크로스비가 어느 날 예수님을 바라보게 되었습니다. 그리고 구원의 확신을 갖게 되고 사명을 발견하게 되었습니다. 그녀는 천여 편이 넘는 찬송시와 복음성가 그리고 시를 썼습니다.

'오 놀라운 구세주 예수 내 주', '나의 갈 길 다가도록 예수 인도하시니', '주의 음성을 내가 들으니', '인애하신 구세주여, 내 말 들으사' 그리고 '예수로 나의 구주삼고.'

"세상과 나는 간 곳 없고 구속한 주만 보이도다"라는 구절이 감동적입니다. 영의 눈을 뜬 것입니다. 그의 고백은 "나의 소원은 눈을 뜨는 것이 아니다. 천국 가서 맨 먼저 주님을 보는 것이다."였습니다.

무엇이 보이느냐? "주님이 보입니다", "영원이 보입니다", "주님의 피 묻은 십자가가 보입니다"라고 대답할 수 있어야 합니다.

▶ 학습 문제

(1) 벳새다 맹인을 예수님께 데리고 온 사람들에게서 배울 수 있는 것은 무엇입니까(단 12:3)?

   답: 다른 사람을 도와주고 이끌어주고 바른 길로 인도할 수 있어야 합니다.

(2) 믿음의 눈으로 세상을 보기 위해서 어떤 노력이 필요합니까(미 7:7)?

   답: 영의 눈을 뜨고 주님을 바라보아야 합니다.

✷ 기도

사랑과 지혜의 하나님, 맹인을 예수님께 데려온 이름 없는 사람들처럼, 좌절하고 방황하는 이웃들을 주님께 인도하는 선한 통로가 되게 하옵소서. 예수님의 이름으로 기도합니다. 아멘.

🌿 중보기도

(1) 영적으로 어둠 속에 있는 이들을 주님께로 인도하는 빛과 소금의 역할을 감당하게 하옵소서.

(2) 말씀 안에서 신령한 눈, 믿음의 눈으로 하나님과 영원한 나라를 바라보는 영적인 공동체가 되게 하소서.

▶ 만남의 준비

말라기 3:16~4:2절을 읽고 하나님을 경외하는 사람들에 대해서 생각해 봅시다.

6. 기록된 사람들

성경 : 말라기 3:16~4:2 (외울 말씀 4장 2절)
찬송 : 212장(347), 502장(259)
주제 : 생명책에 기록된 우리는 그 이름이 지워지지 않도록 청지기의 삶을 살아야 합니다.

성경에는 두 종류의 사람이 등장합니다. 하나님을 대적하는 사람과 경외하는 사람입니다. 대적하는 사람들은 하나같이 심판을 받았습니다. 하나님을 대적한 나라 역시 다 멸망했습니다. 그러나 하나님을 경외하는 사람들은 용서받고 구원받고 회복되었습니다.

오늘 본문은 그 사실을 재확인하시면서, 그 이름을 기념책에 기록하신다고 했습니다(말 3:16). 기념책은 인간의 행실을 기록한 책이고 생명책은 구원받은 사람들의 이름을 기록한 책입니다(계 3:5, 20:15).

1. 누가 기념책에 기록됩니까?

하나님을 믿고 섬기는 사람들, 그리고 하나님의 이름을 높이고 자랑하는 사람들이 기록됩니다(말 3:16).

구약시대 사람들은 감히 함부로 하나님의 이름을 부르지도 못했습니다. 그러나 하나님이신 예수 그리스도가 사람이 되어 이 땅에 오신 이후부터는 주님을 자유롭게 부를 수 있게 되었습니다.

내가 예수 그리스도의 거룩한 이름을 부를 수 있다는 것은 큰 은혜입니다. 예수님을 구주로 믿고 고백하는 사람은 구원을 받고 그리고 그 이름이 기념책, 생명책에 기록이 되는 것입니다(롬 10:13).

나는 예수를 믿고 구주로 고백합니다. 그래서 내 이름도 생명책에 기록되어 있습니다.

2. 기록된 사람들이 누리는 복이 있습니다.

첫째, 하나님의 소유로 삼으시고 아끼십니다(말 3:17).

왜 그렇게 하십니까? 하나님의 것, 하나님의 소유이기 때문입니다.

주경가는 이것을 가리켜 "상호소유(相互所有)의 신비"라고 했습니다. 다시 말하면 하나님은 우리를 소유로 삼으시고 우리는 하나님을 소유한다는 것입니다. "나는 주안에 주님은 내 안에"인 것입니다. 하나님의 소유! 그래서 아끼고 사랑하고 지키고 보호하시는 것입니다. 나는 내 것이 아닙니다. 내 것이라고 장담할 것이 없습니다. 뭐가 내 것입니까? 생명입니까? 재산입니까? 건강입니까? 아닙니다. 없습니다. 내가 하나님의 소유가 되면 내가 가진 것들도 하나님의 소유입니다.

둘째, 치료의 광선으로 치료하십니다(말 4:2). 의로운 해는 빛 되신 예수 그리스도를 의미하고 치료의 광선은 치료하시는 능력을 의미합니다.

예수 그리스도는 영혼도 구원하시고, 육체도 치료하신다는 것입니다. 죄를 용서하시고 구원하시는 예수님, 치료의 광선, 은혜의 광선, 사랑의 광선으로 고치시는 예수님! 오늘도 주님은 구원하시고 치료하십니다(마 4:23-24).

3. 우리가 할 일이 있습니다.

첫째, 내 이름이 기록에 있는가를 확인해야 합니다. 다시 말하면 기록된 내 이름이 지워지지 않도록 해야 합니다. 교만한 자, 악을 행하는 자는 뿌리가 뽑히고 가지도 남지 않는다는 것이 본문의 교훈입니다(말 4:1).

둘째, 법도를 지켜야 합니다(말 4:4, 6). '하나님 말씀 잃어버리지 말라, 그리고 딴 데 바라보지 말고 하나님 바라보아라. 시선도, 마음도 하나님께로 향하라'는 것입니다. 하나님 바라보고 인정하고 그 이름을 부르고 높이면 됩니다. 힘들더라도 말씀 거역하지 말고 말씀대로 살기 위해 노력하면 됩니다.

우리에 갇혀 있다 풀려난 송아지가 푸른 초원을 달리고 기뻐 뛰는 것처럼(말 4:2) 그 이름이 생명책에 기록된 사람들, 고침받은 사람들, 구원받은 사람들이 푸른 초원을 달리고 뛰고 노래 부르게 됩니다. 감사합시다. 기뻐합시다. 생명책에 내 이름이 있습니다. 아멘!

▶ 학습 문제

(1) 우리 이름이 생명책에 기록된다는 것은 어떤 의미인가요(롬 10:13)?

　　답: 예수 그리스도를 구주로 믿고 그 이름을 부를 수 있는 은혜를 받았다는
　　것을 말합니다.

(2) 생명책에 기록된 사람이 지켜야 할 청지기 정신은 무엇인가요(말 4:1, 4, 6)?

　　답: 하나님 앞에서 교만한 마음을 버리고, 하나님의 말씀대로 살아야 합
　　니다.

✤ 기도

영원하신 하나님, 저희 이름이 주님의 생명책에 기록되어 주님의 특별한 소유가 되고, 주님의 치료의 광선으로 영혼과 육체가 회복되는 복을 누리게 하옵소

서. 예수님의 이름으로 기도합니다. 아멘.

⚜ 중보기도

(1) 이 땅의 지도자들과 모든 시민들이 자신의 죄악을 깨닫고, 하나님을 경외하는 자리로 돌이켜 정의와 공의를 행하게 하옵소서.

(2) 여전히 복음이 전해지지 않는 땅과 종교적인 박해로 고통받는 이들, 전쟁과 기근, 재난으로 인해 좌절과 절망 속에 있는 이들을 긍휼히 여겨 주시옵소서.

▶ 만남의 준비

에베소서 3:14-21절을 읽고 더 넘치는 삶을 위한 청지기 정신에 대해서 생각해 봅시다.

7. 더 넘치는 삶을 위한 기도

성경 : 에베소서 3:14-21 (외울 말씀 20-21절)
찬송 : 214장(349), 413장(470)
주제 : 주님은 우리가 구하는 것, 생각하는 것보다 더 넘치도록
능히 해결하십니다

바울은 무릎 꿇고 기도했습니다. 기도는 내용도 중요하지만, 자세도 중요합니다.

1. 속사람을 능력으로 강건하게 하시오며(16절)

겉사람, 육체의 건강은 예방과 관리, 영양공급과 운동 등으로 지킬 수 있습니다. 그러나 속사람인 영의 건강은 그런 것들로 지킬 수 없습니다. 바울은 본문에서 성령의 능력으로 강건케 해주시라고 기도하고 있습니다. 겉사람은 눈에 보입니다. 음식을 먹고 사람을 만나고 활동합니다. 그러나 속사람은 눈으로 볼 수 없습니다. 신령한 양식을 먹어야 하고 하나님과 교제해야 합니다. 겉사람은 관리를 소홀히 하거나 방치하면 피부가 노화하고 뼈들이 약해지고 굽거나 부러집니다. 기력이 약해지고 질병으로 고통받게 됩니다. 속사람도 그렇습니다. 제대로 관리 못하면 망가집니다. 속사람이 망가지면 인격도 망가지고 신앙도 망가지고 사는 것도 망가집니다. 그래서 겉사람 보다 속사람이 더 소중합니다(고후 4:16, 엡 3:16).

2. 뿌리가 박히고 터가 굳어져서(17절)

기초가 약하면 고층 건물이 못 올라갑니다. 뿌리가 약하면 거목이 되지 못합니다. 뿌리가 약하고 터가 약한 믿음은 쉽게 무너지고 흔들립니다. 그러면 어떻게 뿌리 깊은 믿음, 흔들리지 않는 믿음, 무너지지 않는 믿음이 될 수 있습니까? 결심하면 됩니까? 맹세하면 됩니까? 각서를 쓰면 됩니까? 아닙니다.

예수 그리스도께서 내 속사람, 내 마음에 계셔야 됩니다(17절). 내가 예수를 믿는 게 아닙니다. 예수님이 믿게 해주셨습니다. 내가 먼저 예수를 알고 바라본 게 아닙니다. 예수님이 나를 알아보시고 불러주셨습니다. 찬송가 90장 가사 대로 "주 예수 내가 알기 전 날 먼저 사랑했네" 그렇습니다. 나는 주님을 조금만 알고 주님은 나를 다 아십니다. 그래서 믿고 맡기고 따라갑니다.

주님 손을 잡아야 합니다(눅 22:31-32). 나는 약하나 주님은 강하시기 때문입니다. 강하신 주님 붙잡고 흔들리지 맙시다.

3. 그리스도의 사랑을 알고(18절)

그리스도인들이 예수 그리스도의 사랑을 제대로 알고 이해하기를 기도하고 있습니다.

하나님의 사랑은 인간의 지식만으로는 다 알 수도 이해할 수도 없다는 것입니다. 그러면서 그 사랑의 너비와 길이와 높이와 깊이가 어떠한가를 깨달아 하나님의 충만하신 사랑으로 충만하게 되기를 기도한다고 했습니다.

그 사랑을 어떻게 무엇으로 그 너비, 높이, 깊이, 길이를 잴 수 있습니까? 나한테 사랑받을 자격이 있습니까? 그럼에도 불구하고 주신 사랑이 십자가 사랑입니다.

바울은 이러한 십자가의 사랑을 은혜라고 했고 값없이 주신 것이라고 했습니다. 그리고 그 사랑을 깨닫고 알게 해달라고 기도했습니다.

4. '더 넘치도록'을 위해 기도하고 있습니다(20).

바울은 「충만」이라는 낱말을 즐겨 사용했습니다. 에베소서와 골로새서에서 6차례 반복해 사용했습니다(엡 1:10, 23, 3:19, 4:13; 골 1:19, 2:9). 충만의 뜻은 꽉 차 있는 것, 완성된 것, 넘치는 것입니다.

"우리 가운데 역사하시는 능력대로 우리가 구하거나 생각하는 모든 것에 더 넘치도록 능히 하시는 이에게" 이 말씀이 답입니다. "주님은 능력이 있으시다. 그래서 우리가 구하는 것, 생각하는 것 보다 더 넘치도록 능히 해결하신다"는 뜻입니다.

주님! 내 영혼을 은혜로 채워 주옵소서. 더 넘치게 채워 주옵소서. 내 삶도 내 일터도 내 생업도 내 가정도 교회도 더 넘치게 하여주옵소서. 아멘.

▶ 학습 문제

(1) 사도바울이 속사람의 영적 건강을 강조하고 있는 이유는 무엇인가요(16절)?

　　답: 속사람이 망가지면 인격도 망가지고 신앙도 망가지고 사는 것도 망가지기 때문입니다.

(2) '뿌리가 박히고 터가 굳어지는' 믿음을 가지기 위해 필요한 것은 무엇입니까(눅 22:31-32)?

　　답: 주님 손을 잡아야 합니다. 나는 약하나 주님은 강하시기 때문입니다.

기도

사랑과 능력의 하나님, 세상의 유혹과 고난 속에서도 흔들리지 않는 견고한 믿음의 뿌리를 예수 그리스도 안에 깊이 박게 하시고, 주님의 사랑의 너비와 길이와 높이와 깊이를 온전히 깨달아 알게 하옵소서. 예수님의 이름으로 기도합니다. 아멘.

중보기도

(1) 물질만능주의와 개인주의, 갈등과 분열로 인해 흔들리는 교회가 성령의 능력으로 속사람이 강건해져 이 시대를 향한 주님의 뜻을 온전히 분별하게 하옵소서.

(2) 더 넘치도록 역사하시는 주님의 능력으로 전 세계 교회가 영적으로 크게 각성하고 부흥하여, 선교사님들을 통해 주님의 복음이 땅끝까지 전파되게 하옵소서.

▶ 만남의 준비

빌립보서 4:10-13절을 읽고 긍정신앙의 유익에 대해서 생각해 봅시다.

8. 긍정 신앙 자본

성경 : 빌립보서 4:10-13 (외울 말씀 13절)
찬송 : 349장(387), 382장(432)
주제 : 오직 전능하신 주님만을 긍정하고 의지할 때 청지기의 사명을 감당할 수 있습니다.

  바울은 본래 정통 유대인, 유명한 율법학자, 유대인으로서는 어려운 로마 시민권 소유자, 당시 상류층 사람이었고 자신의 능력과 지위로 무엇이든 할 수 있는 사람이었습니다. 그러나 예수님 만나고 전도자가 된 이후 다 버리고 포기했습니다. 가진 게 아무것도 없었습니다. 매 맞고 쫓겨 다니고 헐벗고 굶주리고 핍박받고 멸시받고 천대당하고 감옥에 갇히고 마지막엔 죄수로 호송되어 로마에 연금되어 있었습니다. 가진 것도 없고, 할 수 있는 것이 없었습니다. 그런 그가 "내게 능력 주시는 하나님 안에서 모든 것을 할 수 있다"(빌 4:13)라고 고백했습니다.

1. 자신을 긍정해야 합니다.
  다윗은 베들레헴의 들판에서 양을 치던 목동이었습니다. 왕립학교를 다닌 일도 없었고, 군사전문학교나 정외과를 다닌 일도, 그리고 문학수업을 한 일이 없었습니다. 그러나 그는 위대한 왕, 정치가, 문학가, 시인, 음악가로 명성을 날렸습니다. 긍정 신앙으로 포기하지 않았기 때문입니다. 바울도 말년에 심한 눈병으로 고생하고 있었습니다. 그러나 그는 포기하지 않고 신약 성경 안에 13권의 책을 썼고 가는 곳마다 교회를 세웠습니다.

사업도 취업도 입학도 신앙도 포기하는 사람은 길이 없습니다. 내 안에 잠재된 하나님의 가능성을 믿고 일어서는 사람만 성공이 가능합니다.

2. 세상을 긍정해야 합니다.

밤과 낮이 있고 산과 바다가 있습니다. 밤만 보면 깜깜하고 낮을 보면 밝습니다. 산만 보면 험하고 바다만 보면 겁납니다. 둘을 다 보면 조화와 균형이 절묘하고 아름답습니다.

밤이 지나면 해가 뜹니다. 그게 자연의 법칙입니다. 지겹도록 무더운 여름도 지나가고 소슬바람 부는 가을이 곧 옵니다. 계절 법칙 때문입니다. 솔직히 건국 이래 100% 마음에 드는 정권도 없었고 대통령도 없었습니다. 그때 마다 위기가 있었습니다. 그러나 그 위기를 극복하고 넘어선 노하우를 우리 민족은 가지고 있습니다.

자학하지 맙시다. 포기하지 맙시다. 절망을 보지 말고 희망을 봅시다. 흑암을 보지 말고 광명을 봅시다. 오늘만 보지 말고 내일을 바라봅시다.

3. 하나님을 긍정해야 합니다.

하나님을 바라보는 사람은 문제가 되지 않습니다. 문제가 문제인 것이 아니라 내가 문제일 때가 많습니다.

베드로가 갈릴리 바다에서 예수님 바라보고 바다 위를 걸었습니다 (마 14:31). 그러다가 시선을 돌려 바다를 바라보고 물에 빠지게 됐습니다. 그에게 예수님은 "믿음이 작은 자여 왜 의심하였느냐?" 라고 책망하셨습니다. 의심은 믿음의 반대입니다. 예수 바라보다가 사람 바라보는 것, 예수 바라보다가 세상 바라보는 것, 이것이 의심이고 불신앙입니다. '내가 누구를 바라보느냐? 누구를 따르느냐? 누구를 닮느냐?'에 따라 나의 인생과 삶과 신앙이 결정됩니다.

주님을 바라봅시다. 주님을 긍정합시다. 주님을 사랑합시다. 주님을 섬깁시다. 그리고 변덕 부리지 맙시다. 잘 믿는다며 변덕 부리는 것보다 서툴러도 한결같은 사람 그 믿음이 좋은 믿음입니다.

예수 그리스도는 전능하신 하나님이십니다! 길도 해법도 대답도 주님께 있습니다. 그 진리를 믿는 사람은 문제를 풀 것이고, 자신을 믿고 돈을 믿고 권력을 믿고 사람을 믿는 사람은 넘어지고 무너질 것입니다.

▶ **학습 문제**

(1) 믿음의 사람들이 어려움 속에서도 포기하지 않고 성공할 수 있었던 비결은 무엇일까요(13절)?

　답: 내 안에 잠재된 하나님의 가능성을 믿고 일어섰기 때문입니다.

(2) 어떤 문제가 있을 때 신앙인이 취해야 할 자세는 무엇입니까(마 14:31)?

　답: 주님만을 바라보고 의지하며 어떤 문제 앞에서도 의심하지 않는 굳건한 긍정신앙을 가져야 합니다.

✌ **기도**

전능하신 하나님, 세상의 어둠과 절망 속에서도 낙심하지 않고, 주님만을 바라보고 의지하며 어떤 문제 앞에서도 의심하지 않는 굳건한 긍정신앙을 허락하여 주옵소서. 예수님의 이름으로 기도합니다. 아멘.

⚘ 중보기도

(1) 취업과 학업, 관계와 질병의 문제 앞에서 낙심하여 더 이상 길이 없다고 여기는 이들이 자신 안에 심어주신 하나님의 가능성을 믿게 하옵소서.

(2) 각 나라의 지도자들과 시민들이 변덕을 부리지 않고 한결같이 주님을 사랑하고 섬기며, 주님의 공의와 평화가 온 땅에 가득하여 주님의 영광을 드러내게 하옵소서.

▶ 만남의 준비

베드로후서 3:8-13절을 읽고 경건한 청지기로 사는 삶에 대해서 생각해 봅시다.

9. 오래 참으심

성경 : 베드로후서 3:8-13 (외울 말씀 9절)
찬송 : 164장(154), 218장(369)
주제 : 청지기는 경건한 삶에 힘쓰며, 인내로 주님을 기다려야 합니다.

기독교는 부활의 종교, 생명의 종교, 영생의 종교입니다.

예수님에 관한 구약의 예언은 모두 34차례가 넘습니다. 그리고 신약에서 그대로 다 성취되었습니다. 그러나 아직 성취되지 않은 예언이 있습니다. 그것은 다시 오시겠다는 재림 예언입니다. 베드로는 본문에서 재림에 관해 몇 가지 당부를 합니다.

1. '잊지 말라'입니다(8절).

다윗은 시편에서 최고의 권력을 잡았더라도, 출세하고 치부했더라도, 성공하고 형통하게 됐을 때라도 '내가 했다, 내가 이룩했다, 내 노력의 결과다'라고 하지 말라. '하나님의 은혜로 됐다'는 사실을 잊지 말라고 강조합니다(시 103:2).

숨 거두는 마지막 순간에도 하나님 잊어버리면 절대로 안 됩니다. 잊어도 될 게 있고 잊으면 절대로 안 되는 게 있습니다. 영적 건망증, 영적 치매를 조심해야 합니다.

2. '힘쓰라'입니다.

오늘 본문은 '주님께서 재림하시면 그 앞에 서야 한다. 믿음 관리 잘하고 생활 관리 잘하라, 방탕하지 말라, 유혹에 넘어가지 말라, 경건한 생활에 힘쓰라'고 말씀합니다(14절).

꼭 필요할 때 힘을 쓰려면 필요 없는 힘을 낭비하거나 소진하면 안됩니다. 주님 오심을 기다리는 사람들이 경건한 힘을 딴 데 쏟으면 안됩니다. 기도에 힘쓰고 일하기를 힘쓰고 모이기를 힘써야 합니다(롬 12:12, 살전 4:11, 히 10:25).

힘써 믿고 힘써 섬기고 힘써 일하고 힘써 모입시다!

3. '삼가라'입니다.

떨어지면 안 되는 사람들이 있습니다. 옹벽을 오르는 사람, 외줄 타는 사람, 사법 시험 친 사람, 대학입학시험 친 사람들은 떨어지면 안됩니다.

베드로 사도는 '삼갈 것은 삼가고 경계할 것은 경계하고 조심할 것은 조심하라(17절), 그러나 적극적으로 할 일은 하라'고 권면하고 있습니다(벧전 4:7).

'믿음 떨어지는 일, 예수님 잃어버리거나 떠나는 일은 삼가라. 그러나 믿음 성장하고 주님과 함께 하는 일은 적극적으로 하라'는 말씀으로 이해해야 합니다.

4. '자라 가라'입니다.

하나님은 모든 생명체인 인간, 동물, 곤충, 초목까지 자라도록 창조하셨습니다.

그런데 병에 걸리면 자라지 못합니다. 사람도 동물도 식물도 성장

조건을 갖추지 못하면 자라지 못합니다. 마찬가지로 예수를 믿노라는 사람들, 교회를 다니는 사람들도 성장조건을 갖추지 못하면 자라지 못합니다. 그들에게 베드로는 "자라 가라"고 권고합니다(18). 은혜로 자란다는 것입니다. 은혜의 이슬, 은혜의 소낙비, 은혜의 밑 거름, 은혜의 햇빛을 받아야 자란다는 것입니다(고전 15:10).

조급하게 서둘고 경거망동하는 사람, 참고 기다리는 사람, 방종하고 제멋대로 사는 사람, 경건하게 사는 사람이 될 수도 있습니다. 주님의 재림을 기다리고 준비하는 사람, 무시하고 외면하는 사람(약 5:7-8, 벧후 3:11), 영원한 천국에 들어갈 사람, 영원한 지옥에 들어갈 사람이 될 수도 있습니다. 어떤 사람이 되어야 마땅하냐는 것입니다. 참고 기다립시다. 준비하고 바르게 삽시다. 바로 믿고 바로 삽시다. 영원한 천국에 들어갑시다. 아멘!

▶ 학습 문제

(1) '영적 건망증'이나 '영적 치매'를 피하기 위해 우리는 어떤 노력이 필요한가요?

　답: 꾸준히 말씀을 묵상하며, 기도를 통해 하나님과의 친밀한 관계를 유지하며, 삶의 모든 영역에서 하나님의 주권을 인정하고 감사하는 태도를 가져야 합니다.

(2) 경건한 청지기로 사는 길에 대해 이야기해 봅시다.

　답: 말씀 묵상과 기도에 힘쓰면서 동시에 세상의 유혹적인 미디어 콘텐츠나 죄악된 관계를 멀리하는 균형 잡힌 영적 생활이 필요합니다.

기도

다시 오실 주님, 주님 오실 그날에 점도 없고 흠도 없이 주님 앞에 서기 위해, 방탕하지 않으며 유혹에 넘어가지 않고 경건한 생활에 힘쓰게 하옵소서. 예수님의 이름으로 기도합니다. 아멘.

중보기도

⑴ 주님의 존재와 은혜를 잊어버리고, 영적인 건망증과 치매에 걸려 삶의 참된 목적을 잃어버린 이웃들을 불쌍히 여겨 주시옵소서.

⑵ 대한민국 모든 교회와 성도들이 헛된 것에 힘을 낭비하지 않고 기도에 힘쓰고 일하기를 힘쓰고 모이기를 힘쓰며 경건한 삶을 온전히 이루게 하옵소서.

▶ 만남의 준비

민수기 14:7-9절을 읽고 믿음의 능력이 있는 삶에 대해 생각해 봅시다

PART 02

김창근 목사 편

10. 믿음의 능력을 회복하라

성경 : 민수기 14:7-9 (외울 말씀 9절)
찬송 : 347장(382), 445장(502)
주제 : 해결하기 어려운 문제와 고난으로 가득한 세상에서 현실의 벽에 막혀 포기하지 않고 전진하려면 믿음으로 모든 한계의 벽을 넘어가야 한다.

영국의 대시인 존 밀턴은 52세에 실명했고 아내마저 세상을 떠났습니다. 또한 그는 정치 보복으로 재산을 몰수당하고 옥에 갇혔습니다. 사람들은 그가 실의에 빠져 죽을 것이라고 했지만 그는 절망을 극복하고 불후의 명작『실낙원』을 집필했습니다. 그는 말합니다. "정말 비참한 것은 앞을 못 보는 것이 아니라, 그 환경을 이겨내지 못하고 그냥 주저앉아 버리는 것이다." 그러면 성도가 문제와 고난의 도전을 믿음으로 극복하는 길은 무엇입니까?

1. 믿음을 쉽게 허물어버리는 두려움과 불신을 멀리 해야 합니다.

40일간의 가나안 정탐을 마친 후 여호수아와 갈렙 두 사람을 제외한 나머지 10명의 정탐꾼은 부정적인 보고를 합니다. 이들은 그 땅이 과실을 맺는 젖과 꿀이 흐르는 땅이지만 사람이 살 만하지 못하고, 거기 사는 백성들은 신장이 크고 매우 강한 자들이라고 보고합니다. 그리고 그들이 보기에도 우리는 메뚜기 같았을 것이라고 말합니다. 이것을 일명 '메뚜기 콤플렉스'라고 합니다. 이 콤플렉스에 걸리면 자존감과 모든 믿음의 힘을 잃어버립니다.

부정적 사고에 사로잡힌 사람은 하나님의 능력보다 자신의 약점과 불가능함에 초점을 맞춥니다. 늘 할 수 없다는 생각에 사로잡혀 문제에 도전하고 극복하려는 용기를 갖지 못합니다. 무엇보다 우리를 도우시려는 하나님을 바라보지 못합니다. 이 보고를 들은 이스라엘 백성들은 밤새 통곡하고 지도자를 원망합니다. 이들은 결국 가나안에 올라가지 못하고 광야에서 방황하다 죽었습니다. 하나님이 주신 약속의 말씀에 대한 불신이 방황의 원인이었습니다.

2. 두려움 속에서도 믿음으로 하나님의 승리를 선포해야 합니다.

믿음의 사람 갈렙은 "우리가 올라가서 그 땅을 취하자, 우리는 능히 이길 수 있다"고 선언합니다. 그 땅은 하나님이 약속하신 땅이며, 하나님이 우리와 함께 하시면 능히 정복할 수 있다는 믿음의 선포입니다. 믿음은 항상 소망을 주며 그래서 최종승리의 약속을 믿게 됩니다. 하나님께서 현실과 역사를 주관하신다고 믿을 때 그 믿음이 세상을 이기게 됩니다. 인생의 승리를 경험하려면, 우리는 하나님이 우리와 함께 하심을 믿고 오늘의 승리를 확신해야 합니다.

링컨 대통령은 "믿음은 하나님이 하실 수 있다는 가능성을 믿는 것이 아니라, 하나님은 불가능을 가능하게 하심을 믿는 것이다"라고 말했습니다. 영국의 한 시인은 "절망과 희망은 멀리 떨어져 있는 것 같지만 너무 가깝다. 언제나 절망은 희망 바로 뒤에 따라온다"라고 말했습니다. 절망과 희망은 붙어 다니는데, 절망만 보며 사는 사람은 늘 절망하며 삽니다. 그러나 전능하신 하나님을 믿음으로 희망을 보는 사람은 늘 꿈을 꾸며 살 수 있습니다.

3. 하나님은 믿음을 선포하며 사는 사람들에게 미래를 열어주십니다.

믿음이 없었던 유대인들은 두려워했기에 약속의 땅에 들어가지 못하고 광야에서 멸망했습니다. 그러나 믿음의 사람 여호수아와 갈렙은 요단강을 건너 젖과 꿀이 흐르는 가나안 땅에 들어가는 축복을 받습니다. 성도들은 믿음을 새롭게 하고 여호수아와 갈렙의 뒤를 따라 믿음으로 하나님이 약속하신 땅 가나안을 바라보아야 합니다. "하나님이 미래를 허락하셨고 저 땅을 우리에게 주셨다. 저들은 우리 밥"이라고 믿음으로 선언하는 자는 승리합니다.

하나님은 "너희 말이 내 귀에 들린대로 행하리라"(민 14:28)고 말씀하시고 그대로 행하십니다. 영국군 35만 명이 던커크에서 독일군에 포위당했을 때 처칠 수상은 방송을 통해 국민들에게 기도를 호소했고 자신도 웨스트민스터 사원에서 하루 종일 기도했습니다. 하나님은 폭우를 내려주셔서 독일군들이 움직일 수 없었고 영국군은 포위망을 뚫고 나왔고, 이것은 독일 패망의 시초가 되었습니다. 오늘도 우리가 믿음으로 하나님을 의지하고 모든 문제를 맡겨드리면 승리하게 됩니다.

▶ **학습 문제**

(1) 마음에 스며드는 두려움과 불신을 물리쳐야 하는 이유는 무엇입니까?

답: 전능하신 하나님의 도우심과 승리를 믿지 못하게 하기 때문입니다.

(2) 하나님을 향한 믿음을 선포할 때 생기는 결과는 어떤 것입니까?

답: 여호수아와 갈렙처럼 약속의 땅에 들어가며 미래가 열리게 됩니다.

🌿 **기도**

하나님이 언제나 우리와 함께 하시며 우리를 도우시며 승리하게 하심을 믿게 하옵소서. 두려움과 불신으로 패배주의에 빠진 열 명의 정탐꾼과 함께 가나안에 들어가지 못한 이스라엘 백성의 교훈을 잊지 않게 하소서. 오직 믿음의 길을 걸어가게 하옵소서. 예수님의 이름으로 기도합니다. 아멘.

🌱 중보기도
(1) 세상을 두려워하지 않고 전능하신 하나님을 믿는 성도가 되게 하소서.
(2) 믿음으로 하나님의 비전을 제시하는 교회와 성도들이 되게 하소서.

▶ 만남의 준비
유다서 1장 1-4절을 읽고 교회와 성도들을 공격하는 원수의 거짓 교훈을 이기는 길을 묵상합시다.

11. 믿음을 위하여 싸우라

성경 : 유다서 1:1-4 (외울 말씀 3절)
찬송 : 305장(405), 545장(344)
주제 : 누구든지 예수님을 믿는 자는 그 안에 그리스도께서 계시며 하나님의 자녀가 된다. 그리스도인은 이 믿음을 지키며 승리하는 삶을 살아야 한다.

그리스도인은 그리스도 안에 있는 하나님의 자녀로 거룩하며 존귀한 자입니다. 그러나 원수 마귀는 성도의 정체성을 잊어버리고 세상을 따라 살게 합니다. 초대 교회 당시 영지주의란 이단은 예수님이 육체를 입고 세상에 오신 것을 부인했고, 도덕적으로 방탕했으며 그리스도인들을 미혹했습니다. 이에 대해 예수님의 동생이며 야고보의 형제인 유다는 믿음을 지키기 위해 성도들에게 서신을 보내 성도들이 확고한 믿음에 서도록 필요한 진리를 전해주었습니다.

1. 믿음을 지키려면 하나님의 부르심을 입은 자임을 기억하여야 합니다.

유다서에서 성도들은 "부르심을 입은 자 곧 하나님 아버지 안에서 사랑을 얻고 예수 그리스도를 위하여 지키심을 입은 자들"(유 1:1)로 불립니다. 즉 성도는 하나님의 부르심을 받고 천국에 이르기까지 하나님의 사랑과 보호를 받고 있습니다. 하나님은 죄악의 도시 우르에서 아브라함을 부르셨고, 애굽에서 400년 동안 종살이하던 이스라엘 백성을 불러내셨고 항상 지키셨습니다. 성도는 언제나 하나님의 부르심을 받아 구원받은 자임을 기억해야 합니다.

오늘날 많은 성도가 세상의 문화와 여러 매체를 통해서 세뇌를 당하고 신앙을 잃고 세상의 가치관에 오염되고 있습니다. 그리스도인은 이 세대를 분별하며 모든 악으로부터 돌아서서 바른 신앙으로 살아가야 합니다. 모든 것이 흔들리고 변하며 고통하는 현대 사회를 사는 신앙인들은 매일 치열한 영적 싸움에 직면하고 있습니다. 이 싸움에서 승리하기 위해 세상과 타협하지 말고 말씀을 주야로 읽고 묵상하며 순종하는 믿음으로 살아야 합니다.

2. 믿음을 지키기 위해서는 하나님의 더 많은 은혜를 받아야 합니다.

유다는 거짓 교사의 미혹으로 영적 위기에 빠진 성도들을 위해 긍휼과 평강과 사랑이 더욱 많기를 기도하고 있습니다(유 1:2). 죄의 공격과 유혹을 이기기 위해서 가장 필요한 것은 하나님의 도우심과 보호하심과 자비하심입니다. 아무리 신앙이 견고해도 인간은 누구나 죄의 공격과 유혹으로 넘어질 가능성이 항상 있습니다. 성도들이 자신의 한계를 인정하고 겸손히 주님께 나아가 도움을 구한다면 하나님의 은혜로 구원에 이르게 될 것입니다.

구원은 인간의 행위로 결코 얻을 수 없는 하나님의 은혜입니다. 은혜는 본래 자격이 없는 사람에게 베풀어지는 하나님의 주권적인 사랑을 의미합니다. 노예 상인이었던 존 뉴턴은 성경을 읽다 자신이 죄의 노예요 예수님의 보혈로 죄에서 자유롭게 된 은혜를 깨닫고 찬송가 "나 같은 죄인 살리신"을 작사했습니다. 우리는 독생자 예수님을 보내시어 십자가의 희생으로 우리의 죄를 대신하게 하신 하나님의 은혜로

만 구원에 이름을 항상 기억해야 합니다.

3. 믿음의 도를 지키기 위해 힘써 싸워야 합니다.

유다서의 주제가 3절에 나옵니다, "믿음의 도를 지키기 위해 힘써 싸우라"(유 1:3). 믿음의 도를 위해 싸워야 하는 이유가 무엇입니까? 하나님의 은혜를 방탕한 것으로 바꾸고 예수 그리스도를 부인하는 자들이 가만히 들어왔기 때문입니다(유 1:4). 이들의 잘못된 가르침으로 쾌락주의가 교회에 퍼지고 방종하는 이들이 생겨났습니다. 성도들이 복음의 진리에 굳게 서려면 영적 투쟁이 항상 있음을 기억하며 어떤 죄와 거짓도 용납하지 말아야 합니다.

작은 죄나 거짓 등은 결국 성도들의 생각과 행동을 타락시키고 공동체에 해를 입히게 합니다. C. S. 루이스는 "지옥으로 가는 길은 아주 완만한 경사의 길이다"라고 말했습니다. 작은 누룩이 온 덩이에 퍼지는 것 같이 우리의 작은 죄가 가정과 교회를 해칠 수 있습니다. 그러므로 작은 죄와 악이 우리를 망하게 하지 않도록 살펴야 합니다. 성도들은 하나님의 뜻을 따라 진리의 길에 굳게 서서 의와 사랑과 선행에 힘쓰며 믿음의 싸움을 싸워야 합니다.

▶ **학습 문제**

(1) 세상에서 살면서 믿음을 잃지 않기 위해서 필요한 것은 무엇입니까?

답: 성도는 부르심을 받고 예수 안에서 사랑받는 자임을 기억해야 합니다.

(2) 그리스도인이 믿음의 도를 위해 힘써 싸워야 할 이유는 무엇입니까?

답: 은혜를 방탕한 것으로 바꾸고 예수를 부인하는 자들이 있기 때문입니다.

🌿 기도

우리를 불러주셔서 그리스도 안에서 하나님의 사랑을 받는 자가 되게 하심을 감사합니다. 그러나 우리의 믿음을 흔들고 미혹하려는 원수의 공격이 있음을 기억하고 믿음의 싸움을 힘써 싸우게 하옵소서. 이를 위해 늘 성경을 읽고 의와 사랑에 힘쓰게 하소서. 예수님의 이름으로 기도합니다. 아멘.

🌿 중보기도

(1) 세상의 유혹과 시험을 이기도록 강한 믿음을 갖는 성도가 되게 하소서.
(2) 한국 교회를 공격하는 거짓과 이단의 미혹을 이기게 하여 주옵소서.

▶ 만남의 준비

에스겔 47장 1-5절을 읽고 죽음과 절망이 가득한 세상에서 구원과 영생을 얻는 복음을 묵상합시다.

12. 믿음으로 생수의 강가로 나오라

성경 : 에스겔 47:1-5 (외울 말씀 1절)

찬송 : 357장(397), 370장(455)

주제 : 절망과 허무가 가득한 세상에서 참 생명과 의미가 있는 삶을 살려면 하나님의 성전으로 즉 예수님께 믿음으로 나와야 한다.

오늘날 교회는 사막 같은 세상에서 사는 우리에게 영적 오아시스와 같습니다. 우리는 항상 교회를 통해 살아계신 하나님을 만나며, 진리와 생명과 능력을 공급받고 있는지 질문해야 합니다. 하나님을 만나지 못하면 그 인생은 목적과 의미를 잃을 뿐 아니라 참된 생명을 얻을 수 없습니다. 바벨론 포로였던 에스겔이 30세 때 하나님께서 그를 부르시고 여러 환상들을 보여주십니다. 그중에서 미래의 희망을 강렬하게 제시한 환상의 의미를 생각해 봅니다.

1. 모든 사람은 믿음으로 생명의 강이 흐르는 성전으로 나와야 합니다.

인생의 그 무엇도 인간을 궁극적으로 만족시킬 수 없습니다. 인간은 영원을 위해 지음을 받은 존재이기 때문입니다. C. S. 루이스는 이렇게 말했습니다. "이 세상에서 결코 만족할 수 없는 갈망이 내 안에 있다면 그것은 내가 다른 세상을 위해 지어졌기 때문이라고 보는 것이 가장 타당하다." 오늘날 많은 사람이 현재의 삶이 전부인 것처럼 살아갑니다. 결국은 절망과 회의에 빠지게 되고 참된 생명과 만족을 얻을 수 없습니다.

에스겔이 바벨론 포로로 끌려올 때 나이는 25살이었습니다. 그는 조국이 멸망하고 자신의 인생이 완전히 붕괴되는 경험을 했습니다. 그러나 하나님은 에스겔에게 성전에서 흐르는 생명수 강의 환상을 보여 주셨습니다. 에스겔은 성전에서 물이 흘러 나무가 살아나고 죽은 고기가 살아나고 썩은 바다가 살아나고 열매가 맺는 일이 일어나는 놀라운 환상을 봅니다. 오늘도 사람들이 이 환상처럼 하나님의 성전 곧 예수 그리스도께로 나올 때만 구원과 소망을 얻게 됩니다.

2. 믿음으로 하나님께 나아가면 하나님께서는 생명수를 공급하여 주십니다.

성전 문지방 밑에서 물이 스며 나온다는 것은 하나님의 생명수가 흘러나오는 것입니다. 에덴동산의 모든 생명이 풍성했던 것은 중앙에서부터 흘러내리는 강이 있었기 때문이었습니다. 요한계시록에 나타나는 새 하늘과 새 땅의 영원한 하나님 나라에도 생명수 강이 흐르고 있습니다. 영적인 면에서 생명수 강은 그리스도인에게 있어서 하나님의 풍성한 은혜 즉 예수 그리스도와 성령을 상징합니다. 인생은 생명의 강에서만 영원한 생명을 얻습니다.

한동대 전 총장 김영길 박사님은 미국 유학 중에 아내를 따라 교회에 나갔지만 예수님이 누구신지 왜 믿어야 하는지 알 수 없었습니다. 그러던 어느 날 저녁 성경을 읽다 마음에 깨달음과 믿음이 왔습니다. "하나님은 예수님을 보내주시고 예수님은 우리 죄인을 위해 십자가에 달려 죽으신 것이다." 이 진리를 깨닫고 믿는 순간 마음이 밝아져 복음을 위한 풍성한 삶을 살게 되었습니다. 그가 믿음을 고백하는 순간 새로운 생명 곧 영생으로 태어났기 때문입니다.

3. 믿음으로 하나님께 나아가면 풍성한 생명의 역사가 시작됩니다.

에스겔의 환상은 생수의 강을 통해서 하나님의 생명이 넘치는 역사가 시작되는 것을 보여주고 있습니다. 물이 죽음의 바다로 흘러갑니다. 그러자 생명이 흘러넘쳐서 죽음의 바다를 살리고 그 물이 흐르는 곳마다 생물들이 살아나고 물고기들이 많아집니다. 이 환상이 우리에게 오늘날 이루어질 때 교회는 회복되고 모든 사역은 생명이 넘치고 기적과 죽은 사람들을 살리는 역사가 일어납니다. 이것이 진정한 교회와 그리스도인의 모습이며 복음의 능력입니다.

하나님이 주신 은혜의 복음은 사해같이 절망하고 무기력하게 메말라 죽어가는 가정과 사회와 영혼을 다시 살립니다. 오직 하나님만이 영원하심을 기억하고 그리스도의 복음을 믿음으로 살아야 합니다. 예수님은 말씀하셨습니다. "누구든지 목마르거든 내게로 와서 마시라. 나를 믿는 자는 성경에 이름과 같이 그 배에서 생수의 강이 흘러나오리라"(요 7:37-38). 우리는 항상 생명수 강가의 인생 같은 영원히 풍성한 삶이 가능함을 믿는 믿음으로 살아야 합니다.

▶ 학습 문제

(1) 모든 것이 멸망하고 죽음으로 끝나는 세상의 소망은 무엇입니까?

　　답: 하나님의 성전에서 흐르는 생명수의 강물이 생명의 회복을 가져옵니다.

(2) 에스겔이 본 성전에서 흐르는 생명수는 무엇을 의미합니까?

　　답: 생명수 환상은 하나님의 은혜 즉 예수 그리스도와 성령을 상징합니다.

🌱 기도

전능하신 하나님 아버지. 세상이 흔들리고 모든 소망이 끊어져도 오직 하나님은 구원과 회복을 주심을 믿습니다. 예수 그리스도의 복음만이 죽음으로 가득한 세상에 생명과 구원을 가져옴을 믿습니다. 모든 교회와 성도들이 복음과 생명을 세상에 전하게 하여 주옵소서. 예수님의 이름으로 기도합니다. 아멘.

🌱 중보기도

(1) 복음과 성령으로 생명과 능력이 넘치는 교회와 성도가 되게 하소서.
(2) 죽음으로 가득한 온 세상에 하나님의 복음이 전파되게 하소서.

▶ 만남의 준비

다니엘 1장 8-16절을 읽고 마음을 정하지 못하고 방황하는 시대에 믿음으로 사는 길을 묵상합시다.

13. 믿음으로 사는 사람들

성경 : 다니엘 1:8-16 (외울 말씀 8절)
찬송 : 449장(377), 351장(389)
주제 : 세상에는 많은 사람이 마음을 정하지 못하고 방황하고 있다. 그러나 하나님의 사람은 믿음으로 생각하며 하나님의 뜻을 따라 살아야 한다.

　19세기 영국의 J. C. 라일 목사님의 청년들을 향한 설교인 『청년에게 전하는 글』이란 책이 있습니다. 라일은 청년들에게 겸손과 세상의 쾌락을 경계하라고 충고했습니다. 그리고 믿음으로 생각하는 법을 배워 영원히 멸망하는 일이 없도록 주의하라고 권면했습니다. 많은 사람이 마음을 정하지 못하고 방황하고 있습니다. 오늘 하나님을 정면으로 부인하는 세상에서 그리스도인들이 이 시대를 어떻게 살아야 할지 다니엘과 세 친구를 통해 알아봅니다.

1. 그들은 믿음으로 뜻을 정하여 하나님만 섬기며 살아았습니다.

　바벨론에 포로로 잡혀 온 청년 다니엘은 외모가 준수하고 지혜가 있어 왕을 섬길 수 있도록 여러 가지 교육을 받았습니다. 그러나 왕이 제공하는 기름진 음식과 포도주는 거부했습니다. 포로에게 제국의 관리가 되는 것이 성공으로 보일 수도 있습니다. 하지만 그런 상황에서도 다니엘은 바벨론 종교와 문화에 물들지 않고 여호와 앞에서 거룩하게 자신을 지키기로 뜻을 정했습니다. 즉 오직 믿음으로 여호와를 섬기며 살기로 마음을 정했습니다.

뜻을 정한다는 것은 인생의 목적을 정한다는 의미입니다. 뜻을 정한 사람들은 당황하거나 흔들리지 않습니다. 한 기독교 철학자는 "당신이 사랑하는 것이 당신의 정체성입니다"라고 말했습니다. 다니엘은 하나님을 제일 사랑하고 하나님과 동행하기로 뜻을 정하였습니다. 소년 다니엘은 명예나 출세보다, 하나님의 이름을 높이는 믿음의 사람이 되는 것이 더 중요했습니다. 하나님의 사람은 자신을 높이거나 자신을 추구하기보다 하나님을 먼저 섬깁니다.

2. 믿음으로 뜻을 정한 사람은 세상과 사람을 두려워하지 않습니다.

사람을 두려워하는 것은 청년들의 생각에 매우 강력한 영향력을 미칩니다. 사람을 두려워하는 것은 참으로 불행한 속박입니다. 그런데 이런 경향이 너무나 널리 퍼져 있습니다. 빌라도는 유대인들의 분노를 사는 것이 두려워 양심으로는 의롭지 못한 처사라는 것을 알면서도 예수님을 십자가에 못 박게 넘겨주었습니다. 성도는 이런 두려움과 속박에서 자유로워야 합니다. 믿음으로 사는 하나님의 사람은 세상에 대해 "아니요"라고 말할 수 있어야 합니다.

초대교회 교부 크리소스톰이 복음을 전했다는 명목으로 체포되었습니다. 황제가 그를 사형에 처하라고 하자 신하가 말했습니다. "저들의 가장 큰 상급은 순교입니다. 저들이 순교할 때 우는 사람이 없고, 오히려 얼굴에 광채가 나고 기뻐합니다." 황제는 이들을 어떻게 해야 하나 탄식했다고 합니다. 사람은 누구나 세상에서 영원히 살지 않습니다. 그리스도인은 오직 하나님을 두려워해야 합니다. 우리가 진정 두려워할 분을 두려워할 때 두려움은 사라지게 됩니다.

3. 믿음으로 뜻을 정하여 살면 선한 영향력이 있는 삶을 살게 됩니다.

하나님은 오직 믿음으로 스스로를 더럽히지 않으려는 다니엘을 보시고 그를 항상 지키시고 바벨론의 총리로 높이시고 그의 삶을 통해 큰 영광을 받으셨습니다. 세상의 많은 사람이 신앙을 버리고 세상의 풍조를 따르더라도 그리스도인은 믿음을 온전히 지킬 수 있어야 합니다. 오늘 이 시대는 다니엘의 시대보다도 훨씬 더 세속화된 시대이기 때문에 더욱 온전한 믿음의 사람이 필요합니다. 다니엘이 자신을 하나님께 드린 것처럼 우리를 하나님께 온전히 헌신해야 합니다.

믿음의 사람 다니엘은 당대에 많은 사람을 하나님께로 돌아오게 했습니다. 그는 포로로 끌려간 바벨론에서 자신은 물론 세 친구들을 믿음의 용사로 서게 했습니다. 또한 엄청난 권력을 행사했던 왕들도 하나님의 위대하심을 고백하게 만들었습니다. 하나님의 사람은 그 시대 속에서 주위 사람들을 변화시키는 영향력 있는 존재가 돼야 합니다. 다니엘 12장 3절 말씀입니다. "많은 사람을 옳은 데로 돌아오게 한 자는 별과 같이 영원토록 빛나리라"

▶ **학습 문제**

(1) 다니엘이 왕이 먹는 음식과 포도주를 거절한 이유는 무엇입니까?

답: 바벨론의 종교와 문화에 물들지 않고 거룩하게 살려고 했기 때문입니다.

(2) 오직 믿음으로 여호와를 섬긴 다니엘은 후에 어떻게 되었습니까?

답: 하나님은 그를 통해 영광을 받으시고 총리대신이 되게 하셨습니다.

✷ **기도**

하나님 아버지. 세상과 사람들을 두려워하는 풍조가 가득한 이 시대 속에서도 하나님의 거룩한 젊은이들이 일어나게 하옵소서. 다니엘처럼 뜻을 정하여 믿음으로 살며 하나님의 이름을 높이며 하나님의 나라를 구하는 성도들과 교회가 일어나게 하옵소서. 예수님의 이름으로 기도합니다. 아멘.

☀ 중보기도
(1) 악한 세상에서도 더욱 거룩하게 살아가는 청년들이 일어나게 하옵소서.
(2) 어둠의 세상에서도 빛과 소금의 역할을 감당하는 교회가 되게 하소서.

▶ 만남의 준비
요한복음 11장 25-44절을 읽고 예수 그리스도의 부활을 경험한 사람의 변화는 어떤 것인지를 묵상합시다.

14. 부활의 증인으로 사는 사람

성경 : 요한복음 11:25-44 (외울 말씀 25절)
찬송 : 160장(150), 170장(16)
주제 : 부활을 경험한 사람들은 변화되어 기쁨과 확신으로 가득
하여 예배자로 사랑하는 삶을 살고 예수 그리스도의 증인이 된다.

예수 그리스도는 죄와 사망의 권세를 이기시고 하나님의 권능으로 부활하셨습니다. 예수님은 부활하심으로 하나님의 아들로 인정되셨으며 우리의 구주가 되셨습니다. 사도 바울은 "그리스도께서 다시 사신 것이 없으면 너희의 믿음도 헛되고"(고전 15:17)라고 하였습니다. 예수 부활 신앙은 기독교의 출발입니다. 죽음을 이기시고 부활하신 예수님을 믿으면 영원한 생명을 누리게 됩니다. 그러면 부활하신 예수님을 모신 삶은 어떤 삶입니까?

1. 부활의 주님을 마음에 모시면 참된 생명과 기쁨이 가득하게 됩니다.

예수님은 주님이 사랑하시는 사람 나사로가 병들어서 죽었을 때 마르다에게 질문하셨습니다. "나는 부활이요 생명이니 나를 믿는 자는 죽어도 살겠고 무릇 살아서 나를 믿는 자는 영원히 죽지 아니하리니 이것을 네가 믿느냐"(25~26절). 그리고 나사로의 무덤 입구를 막은 돌을 옮겨놓으라 하셨습니다. 이어서 예수님은 하나님께 감사 기도를

드리시고 무덤을 향해 큰 소리로 말씀하셨습니다. "나사로야! 나오라" 그러자 죽은 나사로가 다시 살아나는 기적이 일어났습니다.

오늘도 부활의 주님을 믿는 자에게는 생명과 참된 기쁨이 있습니다. 파스칼은 인간이 세상에서 쾌락과 명예와 부를 통해 행복을 추구하지만 인간의 내면 깊숙이 자리한 공허함을 채울 수 없으며, 하나님과의 관계 속에서 자신을 발견할 때 비로소 참된 행복을 경험할 수 있다고 했습니다. 부활하신 예수님 외의 다른 모든 것들은 참된 구원과 생명과 기쁨을 줄 수 없습니다. 오직 예수님만이 우리의 구원자이시며 참된 생명과 기쁨을 주십니다.

2. 부활의 예수님을 만나면 진심으로 예배하며 사랑하게 됩니다.

예수님의 무덤에 찾아갔던 여인들이 부활하신 예수님을 만나게 됩니다. 마태복음 28장 9절 말씀입니다. "예수께서 그들을 만나 이르시되 평안하냐 하시거늘 여자들이 나아가 그 발을 붙잡고 경배하니…" 엎드려 절하는 것은 예수님을 하나님으로 예배했다는 의미입니다. 우리도 부활하신 예수님을 만나면 주님께 엎드려 경배하게 됩니다. 그런데 하나님께서는 우리에게 하나님을 사랑하고 경배하며 예배하는 마음으로 이웃도 사랑하라고 말씀하십니다.

하나님을 예배하는 제사법인 레위기에 나오는 말씀입니다. "너희 땅의 곡물을 벨 때에 밭모퉁이까지 다 베지 말고 떨어진 것을 줍지 말고 그것을 가난한 자와 거류민을 위하여 남겨두라. 나는 너희의 하나님 여호와이니라"(레 23:22). 나그네와 고아와 과부와 같은 약자에게 사랑을 베푸는 것을 하나님께 드리는 예배로 받으시겠다는 의미입니다. 이웃과의 관계 속에 부활하신 예수님이 들어오셔서 사랑과 나눔이 있을 때 하나님은 이를 기뻐하십니다.

3. 부활하신 예수님을 만나면 복음을 전하는 전도의 사람이 됩니다.

누가복음 24장에 보면 예수님의 두 제자가 예수님의 죽음으로 인해 절망하고 엠마오로 내려가다 예수님을 만납니다. 부활하신 예수님이 그들에게 말씀을 풀어 주시고 떡을 떼어 주실 때 눈이 밝아져 예수님을 알아보았습니다. 이들은 곧바로 예루살렘으로 올라가서 예수님이 부활하셨음을 증거하였습니다. 예수님은 제자들이 가는 길을 바꾸어 부활의 복음을 전하는 자가 되게 하셨습니다. 우리도 부활의 예수님을 만나면 복음을 전하게 됩니다.

연세대학교 물리학과 임성일 교수는 과학자로서 예수님을, 특히 부활을 믿을 수 없었습니다. 그는 미국에서 유학 생활 중 은혜를 받고 부활하신 예수님을 만나게 되었습니다. 그 이후 그는 믿음을 갖기 어려운 과학도들에게 복음을 전하기 시작합니다. 그리고 모교의 교수가 되고 서원한 기도를 따라 신촌에서 교회를 개척해서 많은 청년들을 주님께 인도했습니다. 인류의 소망과 구원은 오직 예수님입니다. 그러므로 그리스도인은 부활하신 예수님을 항상 전해야 합니다.

▶ **학습 문제**

(1) 죽음을 이기시고 부활하신 예수님을 만나면 어떤 변화가 생깁니까?

　답: 참된 생명과 기쁨이 충만하여 하나님을 예배하는 사람이 됩니다.

(2) 엠마오로 내려가던 제자들이 예수님을 만난 후 어떤 일이 일어납니까?

　답: 눈이 밝아져 예수님을 알아보고 사람들에게 부활을 증거했습니다.

✎ **기도**

생명과 소망의 하나님 아버지. 불행과 질병과 죽음으로 가득한 세상을 이기는

길은 예수 그리스도의 십자가와 부활의 복음임을 믿습니다. 날마다 세상의 빛
과 생명이 되신 예수님을 믿고 주님과 동행하여 어둠과 절망에 빛을 발하게 하
옵소서. 예수님의 이름으로 기도합니다. 아멘.

❊ 중보기도
(1) 성도들의 가정에 부활의 주님을 모시고 기쁨과 평안을 충만하게 하소서.
(2) 하나님을 부인하는 세상에 부활의 복음을 전하는 교회가 되게 하소서.

▶ 만남의 준비
누가복음 7장 11-17절을 읽고 인생의 한계 앞에 절망한 사람들이 다시 일어
설 수 있는 부활의 복음을 묵상합시다.

15. 예수를 만난 사람들

성경 : 누가복음 7:11-17 (외울 말씀 14절)
찬송 : 165장(155), 161장(159)
주제 : 죽음과 절망의 한계 상황을 극복하는 길은 오직 생명과 부
활이신 예수 그리스도 안에서 믿음으로 일어나는 것이다.

오늘 우리가 살고 있는 시대는 한 마디로 절망의 시대입니다. 다시
일어설 힘도 없이 포기한 사람들이 많이 있습니다. 이런 절망의 시대
에 필요한 것은 죽음과 불행과 실패를 넘어선 부활의 기적입니다. 이
를 위해 우리가 만나야 할 분은 진정한 생명과 부활이신 예수님입니
다. 예수님을 만나 "일어나라"는 주님의 음성을 듣는 자마다 절망과 죽
음에서 일어날 것입니다. 그러면 우리 삶 속에서도 이런 기적이 일어
나려면 우리가 해야 할 것은 무엇입니까?

1. '울지 말라'고 말씀하시는 주님의 음성을 들어야 합니다.

나인성의 과부의 유일한 소망이요 기쁨이었던 외아들이 죽었습니
다. 이 여인에게 독자는 삶의 전부라고 해도 과언이 아니었습니다. 그
런 청년 아들이 죽었으니 모든 희망을 잃고 슬퍼하며 절망하지 않을
수 없었습니다. 이렇게 기막힌 슬픔으로 쓰러져 가는 여인에게 예수
님이 찾아오셨습니다. 예수님이 그녀에게 처음으로 하신 말씀은 "울
지 말라"였습니다. 그것은 곧 하나님의 아들 예수님이 슬픔의 눈물을

거두어주시겠다는 약속이며 선포입니다.

　수많은 사람이 죽음의 행렬에 참여했지만 이 불쌍한 여인의 불행을 막아 줄 사람은 아무도 없었습니다. 여러 사람이 말로 위로하였지만 그 어떤 사람도 과부의 슬픔을 그치게 할 능력도 없고 울음을 멈추게 할 수 없었습니다. 그러나 예수님은 슬픔이 변하여 기쁨이 되게 하실 수 있는 전능하신 하나님이시므로 울지 말라고 말씀하십니다. 슬픔과 죽음을 정복하시기 위해 예수님은 십자가에서 찢기시고 피 흘리시며 죽으시고 사흘 만에 부활하셨습니다.

2. 어떤 상황 속에서도 포기하지 말라는 주님의 음성을 들어야 합니다.

　예수님은 죽은 청년이 누워있는 관에 손을 대시며 "청년아 일어나라"고 외치셨습니다. 그러자 죽었던 청년이 일어나 앉아 말도 하며 다시 살아났습니다. 예수님이 관에 손을 대셨다는 것은 율법에 의하면 부정한 시체에 손을 대셨다는 말입니다. 죽음은 곧 죄의 결과로 생각했기 때문입니다. 그러나 예수님은 율법을 넘어서는 사랑으로 시체에 손을 얹으셨습니다. 이는 절망과 고통을 함께 하며 그 상처를 함께 아파하는 깊은 공감과 사랑의 손길입니다.

　예수님은 절망과 죽음의 행렬에 찾아오셔서 소망과 생명의 행렬로 바꾸어 주셨습니다. 예수님을 만나면 절망이 소망으로 바뀌는 인생 역전이 시작됩니다. 예수님을 부인했던 제자들도 부활하신 주님을 만나자 회복되어 증인이 되었습니다. 도스토예프스키는 인생의 많은 고통을 짊어지고 살아야 했지만 고난 속에서 예수님을 만났고 『죄와 벌』과 같은 위대한 작품을 썼습니다. 예수님을 만나면 누구나 절망을 소망으로 바꾸어 다시 시작할 수 있습니다.

3. 세 번째로 죽음에서 일어나라는 주님의 생명의 음성을 들어야 합니다.

예수님은 죽은 청년에게 "청년아 내가 네게 말하노니 일어나라"고 말씀하셨습니다. 청년의 때는 절망과 좌절이란 관에 머물 때가 아닙니다. 오늘날 그리스도인들도 절망과 무기력과 포기의 관에 누워있으면 안 됩니다. 한 번 실패했다고 비관하고 허무와 열등의식 속에 빠져 있으면 안 됩니다. 주님께서는 우리에게 "일어나"라고 명령하십니다. 주님께서는 절망과 패배주의를 버리고 그 자리에서 일어나라고 명령하십니다. 믿음으로 순종하면 새 삶이 시작됩니다.

조니 에릭슨 타다는 17살 때 다이빙을 하다가 다쳐 사지마비 장애인이 되었습니다. 하나님에 대한 불신과 분노, 극심한 우울증과 자살 충동에 시달리던 조니를 친구 신디가 설득했습니다. "넌 혼자가 아니야. 예수님도 십자가에 못 박히셔서 움직일 수 없으셨어." 이 말에 조니는 은혜를 받고 입으로 그린 그림을 통해 온 세상에 복음을 전하는 삶을 살게 되었습니다. 오늘도 십자가를 지시고 부활하신 예수님을 만나면 새로운 인생이 시작됩니다.

▶ 학습 문제

(1) 나인성 과부가 외아들을 잃은 슬픔에서 일어난 비결은 무엇입니까?

답: 죽음의 장례 행렬에 찾아오신, 부활의 주가 되신 예수 그리스도입니다.

(2) 절망과 포기와 무기력의 상황을 극복할 수 있는 길은 무엇입니까?

답: 좌절의 자리에서 일어나라고 말씀하시는 주님의 음성을 들어야 합니다.

✵ 기도

사랑의 하나님 아버지. 죽음과 절망의 한계 속에서 살아가는 우리에게 부활의 주님을 만나게 하심을 감사합니다. 혼돈과 어둠을 바라보는 대신 생명과 부활의 주님을 바라보며 새로운 힘을 얻게 하옵소서. 오늘도 일어나라고 명하시는 주님의 음성을 듣게 하옵소서. 예수님의 이름으로 기도합니다. 아멘.

✵ 중보기도

⑴ 소망을 잃고 방황하는 청년들이 부활의 주님을 만나 일어나게 하소서.
⑵ 온 열방에 참된 생명과 구원을 주시는 부활의 복음을 전하게 하소서.

▶ 만남의 준비

요한복음 2장 19-22절을 읽고 예루살렘 성전을 헐면 사흘 만에 다시 일으켜 세우시겠다고 하신 예수님의 말씀을 묵상합시다.

16. 이 성전을 헐라

성경 : 요한복음 2:19-22 (외울 말씀 19절)
찬송 : 168장(158), 159장(149)
주제 : 모든 인간을 허무와 죽음에서 건져낼 분은 오직 부활하신 하나님의 아들 예수 그리스도이심을 믿고 하나님께로 나아가야 한다.

　2차 대전 후에 철학의 주류를 이룬 실존주의 철학자들은 인간의 행로를 '절망의 여정'이라고 정의했습니다. 인생에는 진정한 목표나 영원한 목적이 없으며, 죽으면 흙으로 돌아가기 때문에 허무하며 공허합니다. 근원적으로 인류의 실존은 절망적인 존재입니다. 이 절망을 상징하는 죽음은 모든 인간에게 슬픔과 두려움을 가져옵니다. 인간은 죽음을 생각할 때 절대 절망뿐입니다. 그러나 성경은 인류에게 절대 희망과 구원의 복음을 전해줍니다.

1. 구원에 이르기 위해서는 하나님께로 나와야 합니다.

　예수님은 유월절을 맞아 예루살렘 성전으로 가셨는데 성전이 장사하는 사람들로 가득했습니다. 예수님은 채찍으로 양이나 소를 다 성전에서 내쫓으셨습니다. 성전은 하나님을 만나는 장소요, 이곳에서 하나님을 만날 때만 구원이 있고 참된 행복이 있습니다. 예수님은 하나님과의 만남을 방해하는 것들을 제거하고 구원의 길을 여시기 위해

오셨습니다. 그런데 하나님과의 만남의 장소인 성전이 장사의 소굴이
된 것을 주님은 참으실 수 없었습니다.

우리가 교회에 나가지만 마음에 세상의 욕심과 탐심이 있다면 하나
님을 만날 수 없습니다. 주님은 우리 심령 깊은 곳을 보시며 탐심을 버
리라고 하십니다. 세상의 어둠을 비추는 참빛이신 주님을 모시면 마
음의 어둠이 사라집니다. 가룟 유다는 모든 것을 버리고 주님을 따랐
지만 마음의 탐심까지는 버리지 못하였을 때 결국 은 30에 예수님을
팔아버리고 맙니다. 주님께서는 우리 마음의 깊은 중심을 보시며 우
리가 전심으로 주님을 향하는지를 보고 계십니다.

2. 예수님은 십자가와 부활로 표적을 보여주셨습니다.

성전을 청결하게 하셨을 때 제사장들은 예수님께 이런 일을 행할 만
한 표적을 보여 달라고 하였습니다. 예수님은 "이 성전을 헐라. 내가
사흘 동안에 일으키리라"(요 2:19)고 말씀하셨습니다. 이 성전은 헤롯
성전으로서 46년 동안 지은 건물이지만, 이는 예수님께서 자신의 육신
을 가리킨 말씀으로 십자가에 돌아가시고 사흘 만에 부활하심을 의미
합니다. 하나님을 만날 수 있는 길은 제물이나 성전이 아니라 오직 예
수 그리스도의 십자가를 통해서만 가능합니다.

예수님께서 죽으시고 사흘 만에 다시 사심은 예수님이 그리스도이
심을 드러내는 결정적 사건이고 표적이었습니다. 아담의 원죄가 들어
온 이래로 사람들은 하나님을 계속 거역했고, 그 죄의 삯은 사망이요
이들을 위해 지옥이 예비되어 있습니다. 그러나 하나님은 십자가 보
혈로 인간의 죄를 용서하시고 영원한 생명과 천국을 주시기 위해 독생
자 예수를 보내셨습니다. 이제 우리는 오직 그리스도를 믿고 주님께
서 주시는 영생과 기쁨을 누려야 합니다.

3. 예수님의 부활 이후에는 어디서나 하나님을 예배할 수 있습니다.

십자가와 부활 사건 이후에는 제사 예식이 사라지고 성전이 필요 없는 시대가 옵니다. 예수님은 부활하신 이후에 성령으로 온 세상에 계십니다. 그러므로 누구든지 예수님의 이름만 부르면 어디에서든 하나님께 예배드릴 수 있게 된 것입니다. 예수님은 이 성전을 헐면 새로운 성전과 새로운 예배의 시대가 올 것이라는 말씀을 하신 것입니다. 부활하신 예수님은 오늘도 영으로 모든 그리스도인 안에 계시고 온 세상에 주님을 예배하는 자와 함께하십니다.

20세기의 영국인 무신론자 프랭크 모리슨은 부활의 허구성을 입증하려던 사람이었습니다. 그는 변호사요 저널리스트로서 방대한 자료를 수집하여 부활이 거짓임을 논증하는 글을 쓰다가 부활하신 예수님을 만났습니다. 이후 그는 예수님을 만난 감동과 자기 신앙 고백과 부활의 진실성을 입증하는 책『누가 돌을 옮겼는가』를 펴냈습니다. 이 시대의 방황과 어둠을 보면서 한국 교회는 부활의 주님을 선포하며 예배하는 교회로 다시 일어서야 합니다.

▶ **학습 문제**

(1) 성전을 헐면 사흘 만에 일으키리라는 예수님의 말씀의 뜻은 무엇입니까?

　답: 예수님이 십자가에 돌아가시고 사흘 만에 부활하심을 의미합니다.

(2) 예수님이 십자가에서 죽으시고 부활하심은 무엇을 보여주는 것입니까?

　답: 예수님이 그리스도이심을 드러내는 결정적 사건과 표적이었습니다.

✿ **기도**

거룩하신 하나님 아버지. 하나님께 제사하는 성전을 헐면 사흘 만에 일으키리라는 말씀하시고 십자가에 죽으시고 부활하신 예수님을 찬양합니다. 오늘도 오직 예수 그리스도를 통해서만 하나님을 만나며 예배할 수 있음을 믿고 주님과 동행하는 성도들이 되게 하소서. 예수님의 이름으로 기도합니다. 아멘.

🌿 중보기도
(1) 오늘의 한국 교회가 예수 십자가와 부활의 복음 위에 세워지게 하소서.
(2) 절망의 한계 상황을 이기는 부활의 복음의 능력을 의지하게 하소서.

▶ 만남의 준비
마태복음 28장 1-10절을 읽고 저주와 허무로 가득한 세상을 이기는 길은 오직 부활의 복음임을 묵상합시다.

17. 예수 그리스도의 부활

성경 : 마태복음 28:1-10 (외울 말씀 7절)
찬송 : 163장(160), 172장(152)
주제 : 두려움과 절망을 이기는 길은 오직 십자가에서 죽으시고
부활하심으로 승리하신 예수 그리스도의 복음이다.

복음은 상한 심령을 치유하고 죽은 영혼들을 살리는 하나님의 능력입니다. 세상적으로는 성공하고 부와 권력과 인기와 명예를 가졌으나 영혼은 텅 빈 자가 많습니다. 인간 심령의 중심에 하나님이 없으면 모두 다 죄인이요 죽은 자입니다. 세상은 저주와 어둠, 죽음과 허무로 가득합니다. 그러나 그리스도인은 예수님의 새 생명을 나누며 빛을 발하는 존재로 살아야 합니다. 예수 그리스도께서 십자가에서 죽으시고 부활하시어 영생의 주가 되셨기 때문입니다.

1. 부활하신 주님을 만나야 새로운 삶을 살 수 있습니다.

예수님의 무덤을 찾아간 여인들은 큰 충격과 슬픔 속에 있었습니다. 그들은 예수님이 십자가에 달리시고 로마 병정들이 창으로 찌르는 것도 목격했습니다. 예수님이 하나님을 향해서 큰 소리로 외치시는 기도 후에 머리가 숙여지고 죽으신 것을 보면서 큰 충격에 빠졌습니다. 모든 제자들은 실망과 두려움으로 도망했고, 여인들이 할 수 있는 일은 죽은 예수님의 시신에 향료를 붓는 일이었습니다. 그래서 여인들

은 새벽에 예수님의 무덤을 찾아갔습니다.

그런데 여인들은 천사들을 통해 여기서 놀라운 소식을 듣습니다. 예수님은 말씀하시던 대로 살아나시고 여기 계시지 않다는 것입니다. 무덤이 예수님을 가둘 수 없고 죽음이 예수님을 속박할 수 없습니다. 이것이 기독교의 복음입니다. 예수님은 무덤 속에 계시지 않고, 예수님은 살아계십니다. 기독교는 부활과 생명의 종교입니다. 부활이요 생명이신 예수님을 믿을 때 슬픔과 절망은 기쁨과 평안으로 바뀌며 인간의 운명을 극복할 수 있습니다.

2. 부활의 복음으로 모든 불안과 두려움을 극복해야 합니다.

부활하신 예수님은 여인들을 만나 평안하냐 물으시고 무서워하지 말라고 하셨습니다. 예수님을 만나면 모든 근심이 떠나가고 기쁨과 평안이 찾아옵니다. 예수님은 여인들에게 평안을 주셨고 또한 유대인들에 대한 두려움과 그들을 무겁게 누르고 있던 모든 두려움을 제거하셨습니다. 이 말씀을 들은 후 여인들은 더 이상 두렵지 않고 어떤 상황에서도 마음에 가득한 평강과 기쁨을 경험하게 됩니다. 죽음을 이기시고 부활하신 주님을 보았기 때문입니다.

기독교 신앙은 부활하신 예수님을 출발점으로 합니다. 313년 콘스탄티누스 황제가 기독교를 공인하기 전까지 300만 명 이상의 그리스도인이 화형을 당하고 십자가에 달려 죽어 순교하였습니다. 튀르키예의 카파도키아에 있는 지하 동굴은 지하 30미터 깊이에 달하는데 수많은 초대 교회 그리스도인들이 평생 햇빛조차 보지 못하고 갇혀서 이곳에서 살았습니다. 이들이 이런 고통과 희생을 감당한 것은 부활하시고 재림하실 예수님을 믿었기 때문입니다.

3. 부활의 주님을 만난 사람은 부활 신앙에 합당하게 살아야 합니다.

예수님은 여인들을 향해 내 형제들, 곧 제자들에게 갈릴리로 가라고 하셨습니다. 갈릴리는 예수님께서 제자들과 함께 하나님의 나라를 시작했던 장소입니다. 이 갈릴리는 우리가 사는 세상처럼 죄악과 불의, 두려움과 무서움이 우리를 협박하고 있는 장소입니다. 그런데 주님께서 "거기서 나를 보리라" 즉 주님이 먼저 가겠다고 말씀하셨습니다. 예수님께서 절망이 있는 곳에 희망을 주고, 죽음의 위협이 있는 곳에도 함께 하시며 역사하시고 인도하신다는 약속입니다.

반 뷰렌이란 신학자는 "부활 이전에 그리스도인은 없었다"라고 말했습니다. 기독교는 예수님의 부활로 시작됩니다. 우리가 부활과 영생의 선물을 받았다면 남은 인생을 어떻게 살아야 할지 결단해야 합니다. 우리에게 영원한 생명을 주셨으므로 영생을 위한 일을 해야 합니다. 우리가 세상에서 어떤 직업을 가졌든지, 어디서 무슨 일을 하든 그 일이 부활과 영원한 하나님의 나라를 위한 일이 되어야 합니다. 그것이 바로 성도의 삶의 목적이 되어야 합니다.

▶ 학습 문제

(1) 예수님이 돌아가신 후 제자들이 절망하고 흩어진 이유는 무엇입니까?

　답: 예수님이 죽은 지 사흘 만에 부활하실 것을 믿지 못했기 때문입니다.

(2) 슬픔과 절망 속에 있었던 여인들이 두려움을 이기는 비결은 무엇입니까?

　답: 부활하신 주님을 만나고 주님이 주신 평안과 믿음이 있었기 때문입니다.

🌱 기도

오늘도 살아계신 하나님. 죽은 지 사흘 만에 부활하실 것을 말씀하셨지만 믿지 못하고 슬픔과 두려움에 있던 제자들의 모습이 우리의 모습입니다. 저희에게 은혜를 베푸셔서 믿음을 부어주시고 세상에 기쁨과 승리의 소식을 전하는 증인이 되게 하소서. 예수님의 이름으로 기도합니다. 아멘.

🌱 중보기도

(1) 죽음을 이기시고 부활하신 주님을 믿고 복음을 전하는 성도 되게 하소서.
(2) 세상 권세와 사람을 두려워하지 않고 담대한 믿음으로 승리하게 하소서.

▶ 만남의 준비

신명기 6장 4-9절을 읽고 사랑하는 자녀들에게 신앙을 잘 전수하는 방법을 묵상해 봅시다.

PART 03

최종인 목사 편

18. 신앙 전수

신명기 6장은 이스라엘 백성에게 하나님을 전심으로 사랑하고, 그 사랑을 자녀에게 부지런히 가르치라는 명령을 줍니다. 이 명령은 단순한 교육 이상의 것입니다. 신앙은 단순히 지식을 전달하는 것이 아니라, 삶으로 보여주어야 하는 유산입니다. 부모 세대가 신앙을 지키고 가르칠 때, 다음 세대도 하나님의 길을 따를 수 있습니다. 신앙 전수의 구체적인 방법을 나눕니다.

1. 자녀에게 삶으로 신앙 보여주기

신앙 전수에서 가장 중요한 것은 부모의 삶입니다. 5절에 "너는 마음을 다하고 뜻을 다하고 힘을 다하여 네 하나님 여호와를 사랑하라"라고 했습니다. 부모가 먼저 힘써 하나님을 사랑하는 것입니다. 그리고 부모는 가정에서 신앙을 삶으로 전수해야 합니다. 신앙 전수는 단순히 가르치는 것을 넘어, 부모의 신앙을 모델로 보여주는 것을 의미합니다. 이는 부모의 말보다 행동이 자녀에게 더 큰 영향을 미치기 때문입니다. 가정에서부터 부모가 하나님을 사랑하고 말씀을 따르고 이웃을 섬기는 모습을 보여줌으로써 자녀들이 신앙을 삶의 중요한 부분으로 받아들이도록 돕는 것입니다. 자녀는 부모의 말보다 행동을 보고 배우는 존재입니다. 부모가 하나님을 경외하고 말씀에 순종하는 모습을 보여줄 때, 자연스럽게 신앙이 전해집니다. 가정에서 자녀에게 신앙을 전수하는 제일 좋은 방법은 부모가 신앙 모델이 되는 것입니다. 디모데는 외할머니와 어머니로부터 가정에서 신앙을 배웠기에 훌륭한 제자로, 사역자로 쓰임 받았습니다(딤후 1:5).

2. 자녀와 말씀 나누기

7절은 '집에 앉아 있을 때든지 길을 갈 때든지 누워 있을 때든지 일어날 때든지' 하나님의 말씀을 가르치라고 합니다. 특별한 시간이 아니라, 평범한 일상 속 대화에서 자연스럽게 말씀을 나누는 것입니다. 말씀은 삶의 방향과 가치관을 세우는 나침반입니다. 그래서 자녀에게 가장 필요한 것은 하나님의 말씀입니다. 시편 119:105에 "주의 말씀은 내 발에 등불이요 내 길에 빛이니이다"라고 했습니다. 주님의 말씀은 우리의 삶에 빛과 길잡이가 되어 줍니다. 부모가 일상생활에서 성경을 주는 방법은 매일성경 묵상이 좋습니다. 매일 성경을 이해하고 묵상하는 시간을 갖는 것은 하나님의 말씀을 가까이하는 중요한 방법입니다. 성경묵상집을 골라 자녀와 함께 큐티(Quiet Time)를 가져보십시오. 아침, 저녁 식사, 또는 등교나 일터에 나가기 전에 성경을 읽고 묵상하는 시간이 일상이 되어야 합니다. 자녀와 매일 기도 제목을 공유하는 것도 좋은 방법입니다.

3. 자녀와 함께 예배하기

7절은 자녀에게 "말씀을 강론하라"고 가르칩니다. 세상 교육보다 중요한 것은 신앙 교육입니다. 믿음의 유산은 재산보다 오래가며, 영원한 생명을 결정짓습니다. 그래서 부모가 줄 수 있는 유산 중에서 가장 중요한 것은 '신앙 유산'입니다. 신앙을 물려주는 방법은 그리 어렵지 않습니다. 자녀들에게 초점을 맞추어 교회에 출석하는 것입니다.

목회데이터연구소에서 발간한 '넘버즈 제95호'에 '가정 신앙과 자녀 신앙 교육에 관한 조사' 분석결과가 소개됩니다. "아버지가 교회 출석하면, 전 가족 교회 출석률이 높아진다"라는 결과를 보여주었습니다. 가정 전체가 신앙적으로 잘 세워지기 위해 누구의 역할이 가장 중요하다고 생각하는지 조사한 결과, '아버지(남편)'가 51%로 가장 높게 응답했다. '어머니(아내)'는 40%로 나타났습니다. 자녀를 신앙으로 양육하는 데 가장 큰 걸림돌은 '각자 너무 바빠 시간이 없어서'가 23%로 가장 높고, 다음으로 '부모의 얕은 신앙'(19%), '신앙 교육의 구체적 방법을 몰라서'(16%) 등으로 나타났다고 보고합니다. '신앙 교육의 구체적인 방법을 몰라서'에 대해서는 자녀 나이가 낮을수록 높게 나타났습니다.

결국, 바쁘다든지, 부모 신앙이 얕다든지, 신앙 교육의 방법을 모른다든지 하는 문제점을 해결하기 위해서는 가족 모두 예배에 참여하는 것이 최선입니다. 대신 부모가 선호하는 예배시간보다는 자녀에게 맞추어 함께 예배하는 것입니다. 예배는 하나님을 만나는 자리입니다. 예배는 하나님 말씀을 듣는 기회입니다. 예배는 가족 공동체의 통합을 이룰 기회입니다. 가족이 함께 예배할 때 신앙 전수의 기회는 더 깊어집니다.

▶ 학습 문제

(1) 부모는 신앙을 어떻게 자녀에게 전수해야 합니까? (신 4:7)

　답: 부지런히 가르치며 일상 속에서 말씀을 나누어야 한다.

(2) 신앙 교육은 어느 때에 이루어져야 합니까? (신 4:7)

　답: 집에 앉아 있을 때, 길을 갈 때, 누울 때, 일어날 때.

✳ 기도

사랑하는 하나님, 우리 가정이 신앙을 다음 세대에 온전히 계승하는 복된 통로가 되게 하소서. 부모된 우리가 모두 삶으로 하나님 사랑을 보여주게 하시고, 자녀들이 믿음 안에 굳게 서게 하시길 간절히 소망합니다. 예수 그리스도의 이름으로 기도합니다. 아멘.

✳ 중보기도

(1) 가정마다 신앙 교육이 회복되도록

(2) 우리 교회의 모든 세대가 하나 되어 믿음의 계승을 이루도록

▶ 만남의 준비

시편 127편을 미리 읽고 가정을 위한 하나님의 섭리가 무엇인지 발견하기.

19. 가정을 세우는 기도

하나님은 가정을 소중하게 생각하십니다. 그래서 성경에는 가정을 주제로 한 구절이 많이 나타납니다. 고넬료의 가정은 하나님께 항상 기도하는 가정이었습니다(행 10:2). 한나 역시 기도하는 어머니였기에 그 아들 사무엘이 기도하는 인물이 되었습니다. 에베소서 6:18은 성령 안에서 깨어 기도할 것을 권합니다. 시편 127편은 여호와께서 집을 세우지 아니하시면 세우는 자의 수고가 헛됨을 말합니다. 가정도 하나님 앞에서 세워져야 하며, 기도는 그 핵심입니다. 기도 없는 가정은 쉽게 무너질 수 있지만, 기도하는 가정은 환난과 시험 속에서도 굳건히 설 수 있습니다.

1. 기도는 가정의 영적 토대이다.

가정은 인간적인 노력만으로는 지킬 수 없습니다. "여호와께서 집을 세우지 아니하시면 세우는 자의 수고가 헛되며"라고 말합니다(1절). 기도는 하나님께 가정의 주권을 맡기고 하나님의 뜻을 구하는 행위입니다. 성경은 '가족 기도'라는 정확한 표현을 사용하지는 않지만,

가족 단위로 함께 기도하는 것의 중요성을 강조합니다. 성경에서 우리는 가족이 함께 모여 예배하고 기도하는 아름다운 전통을 볼 수 있습니다. 여호수아의 유명한 선언, "오직 나와 내 집은 여호와를 섬기겠노라"(수 24:15)라는 가장이 가족을 하나님께 헌신하는 마음으로 인도하는 헌신의 본보기입니다. 에베소서 6장 4절에서 바울은 아버지들에게 자녀들을 "주의 교양과 훈계로 양육하라"라고 권고합니다. 기도하는 부모는 자녀에게 믿음의 길을 열어줍니다. 가족이 함께 드리는 짧은 기도 모임을 꾸준히 가져야 합니다.

2. 기도는 가정의 문제를 하나님께 맡기는 것이다.

가정 안에는 갈등, 어려움, 시험이 끊이지 않습니다. 이때마다 사람의 힘으로 해결하려 하지 말고, 하나님께 아뢰어야 합니다. 문제를 기도로 가져가면 하나님께서 가장 좋은 방법으로 응답하십니다. 혹시 자녀 문제, 부부 문제, 경제 문제가 있다면, 가족들 전체가 이를 두고 함께 기도하는 시간을 만들어야 합니다.

부모가 어찌할 수 없는 문제를 만날 때, 위급한 상황이나 자녀의 건강, 반항, 학업 문제 때문에 언제까지 걱정과 염려만 하면서 기다릴 수는 없습니다. 신학자인 오 할레스비(O. Hallesby)는 이렇게 말했습니다. "기도는 무력한 사람들을 위한 것이다." '우리가 할 수 있는 일이 얼마나 적은가' 하는 깨달음이 '하나님은 모든 것을 하실 수 있다'는 믿음과 연결될 때, 우리는 하나님이 도우시는 능력의 문을 열게 됩니다. "백성들아 시시로 그를 의지하고 그의 앞에 마음을 토하라. 하나님은 우리의 피난처시로다(셀라)"(시 62:8).

야곱의 가정은 세겜 족장 아들의 일로 멸절 위기에 놓이게 됩니다. 그러나 야곱은 결심하고 온 가족들과 함께 기도를 선포합니다. "우리가 일어나 벧엘로 올라가자 내 환난 날에 내게 응답하시며 내가 가는 길에서 나와 함께 하신 하나님께 내가 거기서 제단을 쌓으려 하노라"(창 35:3). 결국 야곱의 가정은 예배하고 기도하면서 하나님의 도우심으로 위기를 극복합니다.

3. 기도는 가족의 마음을 하나로 묶는다.

외적으로는 평안하고 문제가 없는 가정처럼 보이지만 실제로는 가족 간의 대화 단절이나 가장, 또는 어느 한 사람의 일방적 소통으로 균형을 잃어가는 가정들이 많이 있음을 봅니다. 그러나 크리스천의 가정이라면 이를 극복하는 방법이 있습니다. 그것은 가정예배를 통해 가족들의 문제를 놓고 기도하는 것입니다.

"젊은 자의 자식은 장사의 수중의 화살 같으니"(4절). "이것이 그의 화살통에 가득한 자는 복되도다"(5절). 가족이 한마음으로 모이면 마음이 열리고, 서로를 향한 사랑과 이해가 깊어집니다. 그때 기도는 가족 간의 오해와 분노를 풀고, 용서와 화해를 끌어냅니다. 기도하는 가정은 하나님을 중심으로 한 공동체가 되고 든든한 가정이 됩니다. 믿음의 가정에서는 하루를 마무리하며 가족끼리 손잡고 짧게 감사 기도드리는 것이 중요합니다.

▶ **학습 문제**

(1) 누가 우리 집을 세워야 합니까? (시 127:1)

　답: 여호와께서.

(2) 성도에게 자식은 무엇입니까? (시 127:3)

　답: 여호와의 기업이며, 태의 열매

🌱 기도

하나님 아버지, 우리 가정이 항상 기도 위에 세워지게 하옵소서. 어떤 상황 속에서도 기도로 하나님께 나아가는 믿음을 주시옵소서. 가정 안에 주님의 평화와 사랑이 넘치게 하시길 간절히 소망합니다. 예수 그리스도의 이름으로 기도합니다. 아멘.

🌱 중보기도

(1) 가정마다 기도의 불이 꺼지지 않도록
(2) 부모와 자녀 사이에 기도로 사랑이 더욱 깊어지도록

▶ 만남의 준비

고린도전서 13장을 읽고 각 가정에서 실천할 수 있는 구체적인 '사랑을 나누는 방법'을 생각해 두기.

20. 사랑으로 세우는 가정

성경 : 고린도전서 13:1-7 (외울 말씀 3절)
찬송 : 304장(404), 545장(344)
주제 : 사랑은 가정을 건강하게 세우는 가장 중요한 힘이다.

고린도전서 13장은 사랑의 본질과 특성을 구체적으로 설명합니다. 사랑은 오래 참고 친절하며 시기하지 않고 자랑하지 않고 교만하지 않습니다. 또 무례히 행하지 않고 자기 유익을 구하지 않으며 성내지 않고 악한 것을 생각하지 않습니다. 가정은 혈연으로 연결되어 있지만, 진정으로 하나 되는 힘은 사랑입니다. 현대인 가정의 상당수 문제는 사랑의 부재에서 옵니다. 사랑이 식으면 가족은 서로 상처를 주고 멀어질 수 있습니다.

1. 사랑은 오래 참는 것이다.

골로새서 3:13-14을 보면, "누가 누구에게 불만이 있거든 서로 용납하여 피차 용서하되 주께서 너희를 용서하신 것 같이 너희도 그리하고 이 모든 것 위에 사랑을 더하라. 이는 온전하게 매는 띠니라"라고 말했습니다. 잠언 17:1에도 "마른 떡 한 조각만 있고도 화목하는 것이 제육이 집에 가득하고도 다투는 것보다 나으니라"라고 했습니다. 가족끼리도 다툼이 있고 서로에 대한 불편함과 불만이 생기기 마련입니다. 하지만 성경은 가족 간에 생기는 불평과 불만은 가족을 무너뜨리는 원인이 된다고 강조합니다. 서로의 잘못을 기꺼이 용서하고 서로 사랑해야 합니다. 4절에서 "사랑은 오래 참고"라고 합니다. 사랑은 쉽게 포기하거나 등을 돌리지 않고, 참아내고 기다립니다. 오래 참음은 하나님께서 우리를 대해주시는 방식이기도 합니다. 자녀의 부족함이나 배우자의 실수에 대하여 인내로 품어주어야 합니다.

2. 사랑은 친절하게 대하는 것이다.

사랑은 말과 행동에서 친절로 나타납니다. "사랑은 온유하며 시기하지 아니하며 사랑은 자랑하지 아니하며 교만하지 아니하며"라고 했습니다(4절). 시편 133편 1절에 " 보라 형제가 연합하여 동거함이 어찌 그리 선하고 아름다운고"라고 했습니다. 가족이 같은 마음으로 같은 목적을 추구하는 것을 '연합'(יַחַד, 야하드)이라고 표현하고 있습니다. 가정 속에 너무 많은 목표가 있거나 각자 다른 생각을 하고 있다면, 그 가정은 하나가 되거나 화목하기가 어렵습니다.

에베소서 4:2-3에 "모든 겸손과 온유로 하고 오래 참음으로 사랑 가운데서 서로 용납하고 평안의 매는 줄로 성령이 하나 되게 하신 것을 힘써 지키라"라고 합니다. 가족끼리 부드러운 말, 이해하는 태도, 따뜻한 관심은 가정을 부드럽게 만듭니다. 가정 안에서 상처 주는 말 대신 생명을 살리는 말을 해야 합니다. 매일 하루에 한 번은 가족에게 '칭찬 한마디'를 실천하는 것이 가족을 힘 있게 하고 가족의 기를 살리는 데 매우 좋습니다.

3. 사랑은 쉽게 성내지 않는 것이다.

5절에서 사랑은 "성내지 아니하며"라고 말합니다. 분노는 가정의 평화를 깨뜨리는 가장 큰 적입니다. 대신 사랑은 분노를 다스리고, 상처를 쌓아두지 않습니다. 잠언 15:1을 보면, "유순한 대답은 분노를 쉬게 하여도 과격한 말은 노를 격동하느니라"라고 합니다. 가족은 대화가 있어야 합니다. 전자기기가 발달한 시대를 살아가지만, 가정에서 가족끼리의 대화가 없으면, 남과 다를 바가 없습니다. 대화의 기본은 '유순한'(רך, 라크) 말입니다. 가족은 서로를 잘 알고 가깝다는 이유로, 함부로 대하거나 거친 언행을 하기 쉽습니다. 하지만 성경은, 가깝고 서로를 잘 알기 때문에 더욱 부드럽고 온화한 언행으로 대화하라고 가르쳐 줍니다.

베드로전서 4:8-9을 보면, "무엇보다도 뜨겁게 서로 사랑할지니 사랑은 허다한 죄를 덮느니라. 서로 대접하기를 원망 없이 하고"라고 권합니다. 사도 베드로 역시 우리의 약점과 불완전함을 덮을 수 있는 '사랑'의 중요성을 강조하고 있습니다. 특히, 베드로는 사랑을 하되 '뜨겁게'(ἐκτενής, 에크테네스) 사랑하라고 말합니다. 이 말은 "가족이 나에게 어떻게 대하든 나는 한결같은 마음으로 사랑하는 것"을 뜻합니다. 가족은 '주고받는 관계' 즉 '기브 앤 테이크'가 아니라, 서로 먼저 주고 품어 안는 관계입니다.

▶ **학습 문제**

(1) 고린도전서 13장 5절에서 사랑은 무엇을 하지 않는다고 말합니까?

　　답: 무례히 행하지 않고 자기 유익을 구하지 않으며 성내지 않고 악한 것을 생각하지 않는다.

(2) 사랑은 모든 것을 어떻게 한다고 합니까? (본문 7절)

　　답: 모든 것을 참으며 믿으며 바라며 견딘다.

기도

하나님, 우리 가정에 참된 사랑을 부어주시길 간절히 소망합니다. 우리 가족들 모두 오래 참고 친절하며 쉽게 성내지 않는 사랑을 배우게 하시고, 우리의 연약함을 주님의 사랑으로 채워주십시오. 주 예수 그리스도의 이름으로 기도합니다. 아멘.

중보기도

(1) 가정마다 사랑이 식지 않도록
(2) 상처받은 가족들이 사랑으로 치유되고 회복되도록

▶ 만남의 준비

이번 주, 한 가지 '가정 안에서 사랑 실천하기' 미션을 정하고 다음 주에 만나 서로 나누기.

21. 부모 공경, 가정의 기쁨

성경 : 에베소서 6:1-4 (외울 말씀 1절)
찬송 : 579장(304), 575장(302)
주제 : 부모를 공경하는 것은 하나님이 주신 명령이며, 가정의 행복과 장수를 가져온다.

에베소서 6장의 본문은 자녀들에게 부모를 공경하라고 명령합니다. 이는 단순한 사회적 도덕이 아니라, 하나님께서 친히 명하신 첫 번째 약속이 있는 계명입니다. 부모 공경은 하나님께서 기뻐하시고, 그것이 우리의 삶을 복되게 하는 중요한 열쇠입니다. 부모를 존중하고 사랑하는 태도는 가정 안에 기쁨과 평화를 가져옵니다. 말로만의 부모 공경이 아닌 실천 가능한 부모 공경을 공부합니다.

1. 부모 공경은 하나님의 뜻이다.

부모 공경은 단순한 인생 경험이 아니라 하나님의 명령입니다. "네 아버지와 어머니를 공경하라"(2절)라는 명령은 하나님께서 인간에게 선포하신 하나님의 법입니다. 법은 반드시 지켜야만 하고, 지키지 않으면 여지없이 범법자가 됩니다. 그러므로 불효는 불법입니다. "공경하라"라는 히브리어로 '무겁다, 존귀하다'라는 뜻을 가진 '카베드'의 강조형으로, '무겁게 대하다'라는 의미에서 하나님께나 사람(특히 부모님)에게 쓰일 때는 '존경하다'라는 뜻을 가집니다. 성도는 무엇보다 하나님을 공경해야 합니다. 잠언 3:9, "네 재물과 네 소산물의 처음 익은 열매로 여호와를 공경하라." 예수님도 부모를 공경하라고 가르칩니다. 마태복음 19:19, "네 부모를 공경하라, 네 이웃을 네 자신과 같이 사랑하라 하신 것이니라." 부모 공경의 계명은 십계명 중 사람을 위한 명령의 처음으로 제5계명에 나옵니다(출 20:12). 부모님을 공경하는 것은 하나님이 우리에게 명령하신 하나님의 뜻입니다.

2. 부모 공경은 계명이다.

"네가 잘되고 땅에서 장수하리라"는 약속이 함께 주어졌습니다(엡 6:3). 부모를 공경하는 자녀에게는 하나님의 축복, 즉 잘되고 장수하는 복이 약속으로 주어진 것입니다. 신명기 5:16에서 "네 부모를 공경하라. 그리하면 네 하나님 여호와가 네게 준 땅에서 네 생명이 길고 복을 누리리라"라고 말씀하고 있습니다. 이는 부모 공경이 하나님의 섭리이며, 이를 따를 때 축복과 장수를 누릴 수 있다는 약속입니다.

부모 공경의 실제적인 방법 세 가지를 소개합니다. 첫째는 물질적 필요를 채워주는 것입니다. 호화스럽게 해드릴 수는 없지만, 부모가 노년에 존엄하게 살아갈 수 있도록 물질적 필요를 돕는 것입니다. 둘째는 부모의 마음을 이해하는 것입니다. 부모가 늙게 되면 자녀들이 모두 떠나가 빈둥지 증후군을 앓을 수 있습니다. 노년이 되면 심리적으로 외로움과 불안에 시달리기도 합니다. 그런 부모의 사정을 알고 도와주는 것이 부모 공경의 방법입니다. 셋째는 부모의 말을 경청하는 것입니다. 부모는 늙게 되면 자신이 소용없는 존재인 줄 알고 힘들어합니다. 특히 자녀가 부모의 말을 듣지 않고 끊게 되면 더욱 그런 마음을 가질 수 있습니다. 잠언 23:22에서 "너를 낳은 아비에게 청종하고 네 늙은 어미를 경히 여기지 말지니라"라고 했습니다. 소중하게 여기고 들어주어야 합니다. 특히 노년의 부모를 존귀하게 여기는 것은 믿음의 성숙을 보여주는 일입니다.

부모님의 말씀을 귀하게 듣고, 함께 시간을 보내는 가족이라면 행복할 수 있습니다.

3. 부모 공경은 복 받는 비결이다.

부모를 공경하면 가정 안에 자연스럽게 기쁨과 화목이 생깁니다. 반대로 부모를 무시하거나 소홀히 대하면 가정 분위기가 무겁고 갈등이 많아집니다. 부모를 공경하는 가정의 특징이 있습니다. 첫째, 가족 구성원 간에 유대감이 끈끈합니다. 서로를 진심으로 사랑하고 존중하며 함께 위기를 극복하고 기쁜 순간을 공유합니다. 둘째, 소통이 깊습니다. 부모와 자녀, 형제 자매간에 소통이 건강하고 활발합니다. 셋째, 부모에게 헌신합니다. 정성을 쏟고 필요한 도움을 제공하며 부모님의 기쁨을 위해 노력합니다. 넷째, 존중과 감사가 있습니다. 부모의 존재와 노고에 감사하며 부모님을 존중하는 모습이 있습니다. 하나님 말씀대로 효도하십시오! 하나님이 기뻐하십니다. 하나님께서는 그 영광을 받으시고 하나님이 사랑하는 자녀들에게 약속한 대로 반드시 축복하실 것입니다.

▶ **학습 문제**

(1) 에베소서 6장에서 부모를 공경하면 어떤 약속이 주어진다고 합니까? (3절)

　답: 잘되고 땅에서 장수한다.

(2) **부모 공경은 성경에서 어떤 명령이라고 설명합니까? (2절)**

　답: 약속 있는 첫 계명.

기도

하나님, 우리 가정이 부모를 공경하는 믿음의 가정 되게 하소서. 부모님을 존귀히 여기며, 하나님의 약속 안에서 복된 삶을 살게 하소서. 예수 그리스도의 이름으로 기도합니다. 아멘.

중보기도

⑴ 모든 가정에 부모를 공경하는 아름다운 문화가 세워지도록
⑵ 병든 부모님, 외로운 노년을 보내는 분들을 위로해 주시도록

▶ 만남의 준비

내 자녀에게 주는 '편지'나 자녀를 위한 '기도 제목'을 써서 나누기.

22. 자녀를 축복하는 가정

성경 : 창세기 47:1-12 (외울 말씀 1절)
찬송 : 288장(204), 568장
주제 : 신앙은 가정 안에서 다음 세대로 이어져야 하며, 말씀으로
자녀를 축복하는 것이 부모의 사명이다.

오늘 본문은 야곱이 자녀들에게 남긴 마지막 유언이자 축복입니다.
그런데 이 축복은 단순히 "잘 되라"는 말이 아닙니다. 그들의 삶을 돌
아보고 하나님의 뜻 안에서 그 미래를 선포하는 신앙적 예언이자 영적
교훈입니다. 특히 오늘 우리가 함께 보는 르우벤, 시므온, 레위에게 주
신 말씀은 경고와 책망이 섞여 있는 '뼈아픈 축복'이었습니다. 또한 유
다를 향한 축복은 그대로 이루어진 현실이 되었습니다. 우리는 이 말
씀을 통해 자녀를 축복하는 것이 매우 중요하며, 축복의 내용에 따라
그대로 이루어진다는 것을 알고 바르게 축복하는 부모가 되어야 하겠
습니다.

1. 축복은 진실을 말하는 것이다.

야곱은 죽음을 앞두고 아들들을 모읍니다. 열두 아들을 향한 아버지
야곱의 유언은 사실 유언의 형식을 가진 축복이며 예언이고, 자녀를
위한 기도입니다. 특히 8절부터 시작하는 유다에 대한 축복은 주목할
만합니다. 유다는 '찬송'이라는 이름 뜻이 있는데, 유다의 후손 중에서

찬송 받으실 메시야가 탄생했습니다. "규가 유다를 떠나지 아니하며 통치자의 지팡이가 그 발 사이에서 떠나지 아니하기를" 하신 예언처럼 유다 지파는 왕을 배출하고, 영원한 통치자 예수 그리스도가 나신 지파입니다. 진정 예수 그리스도는 모든 나라를 다스리시는 지팡이를 가진 분이셨습니다. 이처럼 부모는 자녀의 미래를 예측하고 하나님이 주신 소망을 따라 진실을 갖고 축복해 주어야 합니다. 우리 가정은 자녀들에게 신앙적 진실을 전하고 있습니까? 말씀으로, 기도로, 행동으로… 자녀의 삶을 바르게 인도해야 진짜 축복이 됩니다.

2. 축복은 부모의 삶으로 전수된다.

3-4절을 보면, 끓는 물로 비유된 르우벤은 장자이지만, '탁월하지 못할 것이다'라는 예언을 받았습니다. 그는 서모인 빌하와의 간음으로 아버지의 침상을 더럽혔기 때문입니다(창 35:22). 르우벤은 장자였습니다. 그에게는 권리와 책임이 있었지만, 그는 자기 욕망을 절제하지 못한 삶을 살았습니다. 야곱은 그것을 무시하거나 외면하지 않고 도리어 직면하게 합니다. 자녀는 부모의 말이 아니라 삶을 따라 배우게 됩니다. 부모가 절제하며 경건하며 하나님 앞에 바로 서는 삶을 살 때 결국은 그 자녀에게 복이 됩니다.

3. 자녀의 약점을 교정하는 것이 부모의 사명이다.

야곱의 자녀를 향한 축복과 예언을 보면서 몇 가지 느낍니다. 첫째는 자녀의 장단점을 정확하게 알고 있다는 것입니다. 부모는 야곱처럼 자녀를 누구보다 잘 알아야 제대로 교육하고, 기도와 축복을 할 수 있습니다.

둘째는 자녀의 약점을 교정해주고 강점을 발전시키는 것입니다. 야곱은 각 아들의 강점과 약점을 잘 알고, 특히 약점을 교정해주려고 애 쓴 것을 봅니다. 무관심은 자녀 사랑이 아닙니다. 강점과 약점을 찾아 발전시켜주어야 합니다.

셋째는 때를 놓치지 않고 자녀들 모두에게 필요한 신앙 유언을 남 긴 점입니다. 부모는 아이를 낳고 기를 뿐 아니라 저들의 신앙을 책임 져야 합니다. 5-7절은 시므온과 레위에 대한 예언을 들려줍니다. 둘은 공통으로 예언을 받았는데, 그들은 '난폭한 칼'로 비유되었습니다. 시 므온과 레위는 디나 사건 후 복수심에 불타 폭력을 저질렀습니다. 그 들의 분노는 가정을 넘어서 민족 공동체까지 해치는 일이 되었고, 야 곱은 그 분노의 결과를 경고합니다.

오늘날 가정 안에 분노, 다툼, 언어폭력은 자녀에게 깊은 상처를 남 깁니다. 감정을 통제하지 못하는 부모는 축복이 아니라 저주의 씨앗 을 남기게 됩니다. 우리 가정이 평안과 용서, 인내와 사랑으로 다스려 질 때, 그 자체가 자녀를 향한 축복의 토양이 됩니다. 신앙은 물려주는 것입니다. 세상이 아무리 변해도 하나님의 말씀은 변하지 않습니다. 자녀를 위해 기도하고 축복할 때 그들의 삶에 하나님의 손길이 함께할 것입니다.

▶ 학습 문제

(1) 야곱이 죽기 전에 한 일은 무엇입니까? (1절)

답: 아들들을 불러 후일에 당할 일을 예언했다.

(2) 야곱은 자녀에게 맞는 축복과 경고를 했다. 나의 자녀를 위한 가장 큰 축 복은 어떤 것인가?

답: 각자 마음으로 정한 것을 공유한다.

✈ 기도

하나님, 우리의 가정이 믿음의 터전이 되게 하시고, 다음 세대가 하나님을 사랑하는 믿음의 사람들로 세워지게 하시길 간절히 소망합니다. 주 예수 그리스도의 이름으로 기도합니다. 아멘.

✈ 중보기도

(1) 다음 세대가 세속화되지 않고 하나님을 경외하는 세대가 되도록

(2) 가정마다 신앙 전수가 잘 이루어지도록

▶ 만남의 준비

나라를 위해 내가 할 수 있는 것이 무엇인지 찾아와서 나누기.

23. 나라를 위한 기도

성경 : 디모데전서 2:1-5 (외울 말씀 3절)
찬송 : 380장(424), 574장(303)
주제 : 우리가 나라를 사랑하고 축복하는 가장 중요한 방법은 기도이다. 나라를 위해 기도하는 자들이 세워져야 한다.

디모데전서 2장 1-4절은 성경에서 나라를 위한 기도의 중요성을 강조한 말씀입니다. 우리는 하나님께서 세우신 권위 아래 살고 있으며, 나라의 평화를 위해 기도하는 것이 우리에게 주어진 사명입니다. 기도는 단순히 우리의 요구를 나열하는 것이 아니라, 하나님의 뜻이 이루어지도록 구하는 것입니다. 하나님은 나라를 사랑하는 자들의 기도를 들으시고 그 나라를 축복하실 것입니다.

1. 나라를 위하여 기도하라

기도는 하나님과의 관계를 깊게 하고, 그분의 뜻이 이 땅에 이루어지게 합니다. 나라의 정치, 경제, 사회적 문제에 대해 하나님께 기도하는 것은 우리의 책임입니다. 성경은 첫째로 구할 기도 제목을 모든 사람을 위해 하되 특별히 나라의 지도자들을 위해 기도하라고 권합니다. 나라를 위한 기도가 중요한 이유가 몇 가지 있습니다. 첫째는 고요하고 평안한 삶을 위한 기반이 됩니다. 성도들이 기도할 때 국가가 안정되고 번영할 수 있습니다. 둘째는 하나님의 뜻을 이루는 통로가 됩니다. 나라를 위해 기도할 때, 나라 지도자들이 하나님의 뜻을 따라 통치할 수 있습니다. 셋째는 어려운 시기를 극복하고 희망을 얻을 수 있습니다. 특별히 나라가 어려울 때 기도를 통해 하나님의 도우심을 구하고 어려움을 함께 극복할 수 있습니다. 넷째는 하나님의 영광을 드러내는 통로가 됩니다. 기도를 통해 하나님의 은혜를 구할 때 하나님이 영광 받으시게 됩니다. 성도는 매일 나라와 지도자를 위해 기도하며 하나님의 뜻을 구하는 시간을 가져야 합니다.

2. 모든 사람을 위해 기도하라

모든 사람을 위한 기도는 우리 마음을 넓게 하고, 사랑과 긍휼을 실천하는 방법입니다. 기도는 나와 가까운 사람들뿐만 아니라, 나와 상관없는 이들, 또한 나라의 지도자들까지 포함해야 합니다. 이제는 성도들이 다방면으로, 다각적으로, 전방위로 기도해야 합니다. "첫째로" 기도하라 하신 것은 내 가족이나 사업, 재정을 위해 기도하기 전에 먼저 모든 사람을 위해 기도하라는 명령입니다. 물론 개인적인 필요는 중요하지만, 먼저 모든 사람을 위해 기도하는 것이 습관이 되어야 합니다. 모든 사람을 위한 기도의 목적이 단지 그리스도인들의 편안하고 안정된 생활을 위한 것만은 아닙니다. 모든 사람을 위한 기도는 하나님 앞에서 선하고 기뻐하시는 기도입니다. 왜냐하면, 하나님은 그러한 기도를 통해 모든 사람이 구원받기를 원하시기 때문입니다. "하나님은 모든 사람이 구원을 받으며 진리를 아는 데에 이르기를 원하시느니라"(4절).

3. 간구와 기도와 도고와 감사를 하라

1절에서는 기도를 네 가지 단어로 표현하고 있습니다. 첫째는 간구입니다. 하나님은 우리에게 평화로운 생활을 위해 기도하라고 명하십니다. '탄원하다', '애원하다'라는 뜻입니다. 우리 말로도 간구는 '간절히 얻기를 바란다'는 뜻입니다. 즉 간구는 어려움 당하는 자의 기도라고 할 수 있습니다. 그래서 애원하는 것입니다. 기도는 하늘을 감동하게 할 만한 간절함이 있어야 합니다. 그래서 간구하는 것입니다. 둘째는 기도입니다. 기도는 하나님을 예배하고 찬양하고 경배하는 것입니다. 우리는 기도함으로 하나님을 제 자리에 모시게 됩니다. 하나님을 제 자리에 모신다는 말은 하나님과 인간의 관계를 바르게 한다는 말입니다. 기도는 찬양받으시는 하나님께 마땅히 그 자리에 앉으시게 하는 행위입니다. 셋째는 도고입니다. 영어로는 intercession이라고 하는데 중보기도입니다. 나와 내 가족이 아니라 타인을 위해서 하나님께 드리는 기도입니다. 중보자이신 예수님을 본받아 타인을 위해 기도하는 것이 도고입니다. 넷째는 감사입니다. 간구와 기도와 도고가 비슷한 말인데 비해서 감사는 전혀 다른 말입니다. 그럼에도 불구하고 기도라는 묶음 속에 들어가 있습니다. 그것은 모든 기도가 감사로 끝나야 한다는 뜻입니다. 감사는 우리의 기도를 완성하는 마침표입니다. 그런 면에서 기도에 항상 감사가 있어야 합니다.

▶ 학습 문제

(1) 디모데전서 2장에서 우리가 기도해야 할 사람들은 누구입니까? (2절)

　　답: 모든 사람과 임금과 높은 지위에 있는 사람들

(2) 하나님은 우리가 기도할 때 무엇을 원하신다고 합니까? (4절)

　　답: 모든 사람이 구원을 받으며, 진리를 아는 데 이르기를 원하신다.

기도

하나님, 우리의 나라와 이 민족을 축복하시고, 이 나라의 평화와 번영을 위해 기도합니다. 나라를 위해 기도하는 자들이 일어나서 하나님의 뜻이 이루어지게 하소서. 예수님 이름으로 기도드립니다. 아멘.

중보기도

(1) 나라와 민족의 평화와 안정을 위해
(2) 나라를 이끌어가는 지도자들이 하나님의 지혜와 공의를 따라 결단을 내리도록

▶ 만남의 준비

나라를 위해 기도할 수 있는 기도 제목을 서로 나누고, 함께 기도 시간을 가지기.

24. 나라가 잘되는 비결

성경 : 역대하 7:11-18 (외울 말씀 15절)

찬송 : 543장(342), 546장(399)

주제 : 모든 사람은 자신들의 나라가 잘되기를 바란다. 나라가 하나님의 뜻 안에서 번영하려면, 하나님의 말씀을 듣고 순종해야 한다.

시편 33:12는 "여호와를 자기 하나님으로 삼은 나라 곧 하나님의 기업으로 선택된 백성은 복이 있도다"라고 합니다. 또한, 역대하 본문에서는 "내 이름으로 일컫는 내 백성이 그들의 악한 길에서 떠나 스스로 낮추고 기도하여 내 얼굴을 찾으면 내가 하늘에서 듣고 그들의 죄를 사하고 그들의 땅을 고칠지라"라고 말씀하십니다. 우리가 하나님 앞에 겸손히 나아가 기도하며 하나님의 뜻을 따를 때, 하나님께서 우리의 나라를 축복하시겠다고 약속하십니다. 나라가 잘되는 비결은 하나님의 말씀과 그 뜻을 따라가는 것입니다.

1. 겸손하고 회개하라

본문에는 솔로몬의 기도에 대한 하나님의 응답과 약속이 기록되어 있습니다. 하나님은 솔로몬의 기도에 불로 응답하시고, 백성들이 회개하고 돌아오면 죄를 용서하고 땅을 고쳐주시겠다고 약속하셨습니다. "내 이름으로 일컫는 내 백성이 그들의 악한 길에서 떠나 스스로 낮추고 기도하여 내 얼굴을 찾으면"(14절). 하나님 앞에서 겸손히 자신을 낮추고 죄를 회개하는 민족에게 하나님의 긍휼과 회복이 임합니다. 회개는 국가적 회복의 출발점입니다. 이사야 57:15에서 "나는 높고 거룩한 곳에 거하며 또한 통회하고 마음이 겸손한 자와 함께 거하여…"라고 했습니다. 요엘 2:12-13에는 "너희는 금식하며 울며 애통하고 마음을 다하여 내게로 돌아오라"라고 명령하십니다. "하나님의 얼굴을 찾으면"은 무슨 뜻입니까? 하나님 앞에 나아가 그분의 자비와 긍휼을 구하고 겸손과 회개함으로 용서와 도움을 청하는 것입니다.

2. 간절히 기도하라

솔로몬이 성전 봉헌식을 마치고 기도할 때 하나님은 몇 가지를 보여주셨습니다. 첫째는 불로 응답하십니다. 하늘에서 불이 내려와 번제물과 제물들을 태웠습니다. 이는 하나님의 임재와 응답을 상징합니다. 둘째는 기도 응답의 약속을 하십니다. "이제 이곳에서 하는 기도에 내가 눈을 들고 귀를 기울이리니"(15절). 하나님은 나라가 악에서 떠나 하나님께 기도할 때, 그 기도를 들어주시겠다고 약속하십니다. 기도는 나라의 회복과 번영을 위한 강력한 무기입니다. 셋째는 죄를 사하고 고쳐주신다는 약속을 보여주셨습니다. 하나님은 "내 이름으로 일컫는 내 백성이 그들의 악한 길에서 떠나 스스로 낮추고 기도하여 내 얼굴을 찾으면 내가 하늘에서 듣고 그들의 죄를 사하고 그들의 땅을 고칠지라"라고 말씀하셨습니다. 빌립보서 4:6-7에도 "아무것도 염려하지 말고 다만 모든 일에 기도와 간구로, 너희 구할 것을 감사함으로 하나님께 아뢰라. 그리하면 모든 지각에 뛰어난 하나님의 평강이 그리스도 예수 안에서 너희 마음과 생각을 지키시리라"라고 약속하십니다. 그래서 성도는 나라가 잘되기를 위해 기도해야 합니다.

3. 하나님의 말씀에 순종하라

하나님의 말씀에 순종하는 나라에는 평화와 번영이 넘칩니다. 하나님께서 주신 명령에 순종하고 그 뜻을 실천하는 사회가 될 때, 그 나라는 더 강하고 오래갈 것입니다. "네가 만일 내 앞에서 행하기를 네 아버지 다윗이 행한 것과 같이하여 내가 네게 명령한 모든 것을 행하여 내 율례와 법규를 지키면, 내가 네 나라 왕위를 견고하게 하되 전에 내가 네 아버지 다윗과 언약하기를 이스라엘을 다스릴 자가 네게서 끊어지지 아니하리라 한 대로 하리라"(17-18절). 하나님의 말씀을 듣지 않는 사람은 사람의 말도 듣지 않습니다. 그래서 문제가 생깁니다. 가정 문제, 부부 문제도 잘 듣지 않아서 생겨난 것이고, 하나님과의 관계도 듣지 않는 태도가 문제입니다. "하나님! 내 말을 들어주세요!"라고는 하지만 "하나님! 제가 하나님 말씀을 듣겠습니다!"라고 하는 태도가 없으므로 문제가 생깁니다. 그러므로 축복을 원하면 말씀을 듣는 태도부터 바꿔야 합니다. 우리에게 말씀의 문이 열리면 축복의 문도 열릴 것입니다. 신명기 28:1-2에 "네가 네 하나님 여호와의 말씀을 삼가 듣고 그 모든 명령을 지켜 행하면… 이 모든 복이 네게 임하며"라고 했습니다.

▶ **학습 문제**

(1) 역대하 7:14에서 하나님은 어떤 사람들의 기도를 들으시겠다고 약속하셨습니까?

답: 내 이름으로 일컫는 내 백성이 그들의 악한 길에서 떠나서 기도하면.

(2) 하나님이 응답하시는 기도는 어디에서 하는 기도입니까?

답: "이곳에서 하는 기도", 즉 성전에서 하는 기도

기도

하나님, 이 나라가 하나님의 뜻 안에서 번영하고, 우리가 주님의 말씀에 순종하는 삶을 살아가도록 인도하소서. 우리가 진심으로 기도할 때, 이 나라가 회복되고 축복받게 하소서. 예수님 이름으로 기도합니다. 아멘.

중보기도

(1) 이 나라가 하나님의 뜻을 따르며, 기도의 나라가 되도록

(2) 정부와 지도자들이 하나님의 지혜와 공의를 구하며 올바른 결정을 내리도록

▶ 만남의 준비

나라를 위한 성경 구절을 함께 나누고, 그것을 어떻게 기도에 적용할 수 있을지 이야기 나누기.

25. 나라를 위한 하나님의 뜻

성경 : 예레미야 29:7-14 (외울 말씀 13절)
찬송 : 570장(453), 537장(329)
주제 : 간혹 나라가 걱정되고 염려되거든 하나님의 뜻을 찾아야
한다. 하나님은 나라가 평화와 정의를 실현하고, 하나님을 경외하
는 사회가 되기를 원하신다.

　뉴스를 통해 세계정세를 바라보면, 경제적으로 위태롭고 나라 간의
전쟁이나 정세 불안, 자연재해의 위기 앞에 있는 나라가 많습니다. 나
라를 위한 하나님의 뜻은 무엇일까요? 예레미야 29:7은 하나님께서 이
스라엘 백성에게 바벨론에 있는 동안 그들이 그 땅의 평화를 위해 기
도하라고 명령하십니다. 그들이 평화롭게 살 때, 그들 또한 평안함을
누릴 수 있기 때문입니다. 마태복음 5:9에서는 예수님께서 "화평하게
하는 자는 복이 있다"고 말씀하시며, 우리가 평화를 이루는 자가 되어
야 한다고 강조하십니다. 우리가 살고있는 나라와 사회에서 하나님의
뜻이 무엇인지 찾아봅니다.

1. 나라의 평안을 기도하라
　본문은 바벨론에 포로로 끌려간 이스라엘 백성에게 주신 하나님의
말씀입니다. 그러나 이 말씀은 오늘날 우리나라를 바라보는 신앙인의
시각에서도 적용될 수 있는 중요한 교훈들을 담고 있습니다. 다른 어

떤 것보다 하나님의 뜻을 아는 방법은 기도에 있습니다. "너희는 내가 사로잡혀 가게 한 그 성읍의 평안을 구하고 그를 위하여 여호와께 기도하라. 이는 그 성읍이 평안함으로 너희도 평안할 것임이라"(7절). 하나님은 우리가 사는 사회와 나라가 평화롭기를 원하십니다. 평화는 단순히 전쟁이 없는 상태만을 의미하는 것이 아니라, 사람들 사이에 정의와 사랑이 실현되는 상태입니다. 우리가 평안을 위해 기도할 때, 하나님께서는 그 나라를 축복하시고 그 땅에 평화를 허락하십니다. 우리나라도 하나님의 주권 아래에 있음을 믿고 기도하는 것이 하나님의 뜻입니다.

2. 희망을 가지고 인내하며 살라

"너희를 향한 나의 생각을 내가 아나니 평안이요 재앙이 아니니라. 너희에게 미래와 희망을 주는 것이니라"(11절). 당장은 우리의 상황이 어렵다 해도 하나님은 절망이 아닌 희망의 계획을 가지고 계십니다. 역사의 주관자이신 하나님은 우리 민족과 나라를 위한 선한 뜻을 품고 계십니다. 우리는 그 뜻을 신뢰하며 인내로 나아가야 합니다. 하나님은 소망의 하나님이십니다. 로마서 15:13에는 "소망의 하나님이 모든 기쁨과 평강을 믿음 안에서 너희에게 충만하게 하사 성령의 능력으로 소망이 넘치게 하시기를 원하노라"라고 하십니다. 이사야 40:31을 보면, "오직 여호와를 앙망하는 자는 새 힘을 얻으리니…"라고 약속하십니다. 로마서 8:28에도 "하나님을 사랑하는 자, 곧 그의 뜻대로 부르심을 받은 자들에게는 모든 것이 합력하여 선을 이루느니라"라고 하셨습니다. 성도는 오늘의 삶을 비관적으로 바라보지 말고, 하나님이 주시는 희망을 소망하면서 인내해야 합니다.

3. 온 마음으로 하나님을 찾으라

"너희가 온 마음으로 나를 구하면 나를 찾을 것이요 나를 만나리라"(13절). 본문에서 하나님은 우리가 전심으로 하나님을 만나기를 원하십니다. 첫째는 온마음으로 찾는 것입니다. 즉, 진실한 마음과 간절함으로 하나님을 찾는 것을 원하십니다. 둘째는 기도로 찾는 것입니다. 하나님을 찾는 중요한 방법의 하나는 기도입니다. 끊임없이 하나님께 나아가 우리의 필요와 간구를 아뢰고 하나님의 뜻을 구해야 합니다. 셋째는 하나님의 말씀을 묵상하는 것입니다. 하나님의 말씀을 묵상하면 하나님의 진정한 뜻이 무엇인지 분명히 알 수 있습니다. 하나님을 찾는 것은 우리 삶의 가장 중요한 목적이며 주님을 만날 때 우리는 진정한 기쁨과 회복을 얻을 수 있습니다. 특별히 나라를 사랑하는 성도들은 하나님의 뜻이 무엇인지 알아야 합니다. 그래서 나라가 회복되고 부흥되기 위해서는 성도들의 회개와 영적 각성이 필요합니다. 하나님께 돌아갈 때 진정한 회복이 시작됩니다. 우리는 하나님께서 나라와 민족을 축복하시도록 기도하고, 하나님의 뜻을 실현하기 위해 노력해야 합니다.

▶ **학습 문제**

(1) 예레미야 29:7에서 하나님은 우리에게 무엇을 위해 기도하라고 하십니까?

　　답: 나라의 평화를 위해.

(2) 우리를 향한 하나님의 계획은 무엇입니까? (11절)

　　답: 평안과 미래와 희망을 주는 것

기도

존귀하신 하나님, 우리가 사는 나라가 평화롭고 정의롭고 하나님을 경외하는 나라가 되기를 기도합니다. 이 나라와 민족이 하나님께서 원하시는 대로 번영하고, 하나님의 뜻을 실현하는 사회가 되도록 도와주세요. 예수님의 이름으로 기도드립니다. 아멘.

중보기도

(1) 나라와 민족이 하나님의 뜻을 따르며 평화와 정의가 이루어지도록
(2) 사회 각 분야에서 하나님의 뜻을 실현하는 사람들이 세워지도록

▶ 만남의 준비

나라와 민족을 위한 기도 제목을 나누고, 각자의 기도 생활에 적용할 수 있도록 도전하기.

26. 나라를 위한 교회의 역할

성경 : 이사야 58:6-12 (외울 말씀 11절)
찬송 : 292장(415), 534장(324)
주제 : 교회는 사회적 정의와 회복의 통로로서 나라의 치유와 회
복을 위한 역할을 감당해야 한다.

많은 이들이 교회의 역할을 '예배'와 '전도'로 국한합니다. 물론 예배
와 전도는 교회의 중요한 사명입니다. 그러나 오늘 성경은 분명히 말
씀합니다. 하나님께서 기뻐하시는 예배와 금식은 교회 안에 갇힌 복
음이나 형식적이고 습관적인 예배가 아닌, 세상을 회복시키는 실제적
사랑과 정의의 실천이라고 하십니다. 복음은 믿는 자뿐 아니라 믿지
않는 세상의 모든 사람들에게도 필요하기 때문입니다. 오늘 본문은
우리가 사는 이 시대, 무너진 공동체, 소외되고 고통받는 이웃 가운데
서 교회가 회복자로서 어떤 역할을 감당해야 하는지 보여줍니다.

1. 불의에 맞서 정의를 실천하는 교회

"내가 기뻐하는 금식은 흉악의 결박을 풀어주며 멍에의 줄을 끌러
주며 압제당하는 자를 자유하게 하며 모든 멍에를 꺾는 것이 아니겠
느냐" (6절). 본래 모세를 통해 주신 율법에서 금식은 겸비하고 회개하
는 표현으로 스스로 음식을 금하며 하나님의 뜻에 초점을 맞추는 것이
었습니다. 그러나 세월이 흐르자 유대인들은 금식을 하나님의 축복을

받는 종교적 의식행위로 여기게 되었습니다. 이사야는 그것을 지적하면서 하나님은 예배보다 먼저 억눌린 자의 고통을 해방하는 교회의 행동을 원하신다고 강조합니다.

오늘날 나라가 혼란스러운 이유 중 하나는 정의가 무너졌기 때문입니다. 교회는 그 점을 무시하지 말고, 현대 사회에 맞서 하나님의 공의를 선포하고, 실천해야 합니다. 잠언 31:8-9에는 "너는 말 못 하는 자와 모든 고독한 자의 송사를 위하여 입을 열지니라. 너는 입을 열어 공의로 재판하여 곤고한 자와 궁핍한 자를 신원할지니라"라고 명하십니다. 교회는 사회적 약자를 위한 목소리를 내고, 부당한 제도나 구조 앞에서 하나님의 정의를 대변해야 합니다.

2. 가난하고 고통받는 이웃을 돌보는 섬김의 교회

"또 주린 자에게 네 양식을 나누어 주며 유리하는 빈민을 집에 들이며 헐벗은 자를 보면 입히며 또 네 골육을 피하여 스스로 숨지 아니하는 것이 아니겠느냐" (7절). 교회가 나라와 지역을 위하는 가장 실제적인 방법은 가난하고 외로운 이웃을 돌아보는 것입니다. 하나님의 은혜와 복은 교회와 성도가 섬김의 자리에 있을 때 옵니다. 마태복음 25:40에서도 주님은 "너희가 여기 내 형제 중에 지극히 작은 자 하나에게 한 것이 곧 내게 한 것이니라"라고 하셨습니다. 또한 '지극히 작은 자'란 세상의 기준으로 볼 때 미미하고 보잘것없는 사람을 말합니다. 예수님께서는 소외받고 고통받는 작은 자들과 자신을 동일시하고 계십니다. 우리는 이러한 예수님의 말씀을 들으면서 과연 오늘 우리의 관심에는 어떤 사람들이 있는지 돌아보아야 할 것입니다. 나라를 위하는 교회는 소외된 이웃을 향한 사회봉사, 장학 사역, 도시 미션 등을 통해 세상을 섬기는 공동체가 되어야 합니다.

3. 무너진 데를 다시 세우는 회복의 교회

"너를 일컬어 무너진 데를 보수하는 자라 할 것이며 길을 수축하여 거할 곳이 되게 하는 자라 하리라"(12절). 이사야 선지자는 교회를 '무너진 데를 보수하는 자'라 부릅니다. 이는 사회적, 도덕적, 영적 붕괴를 막고 다시 세우는 사명을 가진 교회의 정체성입니다. 나라가 무너질수록, 교회는 더 굳건히 서야 합니다. 에스겔 22:30을 보십시오. "이 땅을 위하여 성을 쌓으며 성 무너진 데를 막아서서 나로 하여금 멸하지 못하게 할 사람을 내가 그 가운데에서 찾다가 찾지 못하였으므로" 시편 11:3에서 우리에게 도전합니다. "터가 무너지면 의인이 무엇을 하랴" 그러므로 교회는 다음 세대를 세우는 교육, 공동체 화해 사역, 윤리와 가정 회복 운동을 통해 나라의 기초를 다시 세우는 사명자입니다. 예배는 매우 중요합니다. 그러나 하나님은 형식적인 예배보다 정의, 사랑, 회복의 삶을 사는 교회를 원하십니다. 나라가 혼란할수록, 교회는 더욱 세상 속으로 나아가 섬기고 중보하며 회복시키는 사역에 충실해야 합니다. 그럴 때 하나님은 우리 교회를 향해 "무너진 데를 보수하는 자", "거할 곳을 만드는 자"라 부르실 것입니다. 이 시대에 우리 교회가 바로 그런 교회가 되기를 간절히 소망합니다.

▶ **학습 문제**

(1) 하나님이 기뻐하는 금식은 무엇입니까? (6절)

   답: 흉악의 결박을 풀어주며 멍에의 줄을 끌러 주며 압제당하는 자를 자유하게 하며. 모든 멍에를 꺾는 것

(2) 우리가 부를 때 하나님은 어떻게 하십니까? (9절)

   답: 응답하시고 내가 여기 있다 하신다.

🌿 기도

하나님, 우리가 교회로서 나라와 민족을 위해 기도하며 복음을 전할 수 있도록 도와주세요. 우리가 복음의 사명을 다하고, 사회적 책임을 다할 수 있도록 이끌어 주세요. 예수님의 이름으로 기도드립니다. 아멘.

🌿 중보기도

(1) 나라와 민족을 위한 교회의 기도와 사역이 더욱 활성화되도록
(2) 교회가 복음을 전파하며 사회적 책임을 다하는 사명을 잘 감당하도록

▶ 만남의 준비

마태복음 6:1-4절을 읽고 예수님의 제자다운 삶은 어떤 것인지 생각해 봅시다.

PART 04

이진우 목사 편

7월 · 교제와 관계 회복의 달

8월 · 치유와 쉼의 달

27. 벗어나기 - 명예욕

성경 : 마태복음 6:1-4 (외울 말씀 4절)
찬송 : 212장(347), 455장(507)
주제 : 온전히 주님을 따라서 선행을 할 때 명예욕으로부터 자유를 얻음

환경의 압박도 무겁지만 더 무거운 것은 심령의 매임입니다. 무엇인가에 마음이 눌리면 쉼은 없습니다. 그런데 우리의 시선은 자기도 모르는 새, 다른 사람을 의식합니다. 그들보다 더 낫게 보이기를 원하고 더 우아해 보이기를 갈망합니다.

우리들 가운데 드러내놓고 자기를 자랑하는 성도는 많지 않습니다. 그러나 많은 이들이 어떤 방법으로든지 자신의 봉사나 구제나 기도 생활을 은근히 알리려 합니다. 이런 작은 마음들이 커지게 되면 자기가 타인들보다 항상 앞서 있다는 생각을 갖게 됩니다. 그는 결국 스스로 영적 자만심 속에서 하나님의 일을 하면서도 명예심을 추구하게 됩니다. 그가 좇아가는 것은 예수님이 아니라 명예욕입니다. 자기를 피곤케 하는 이는 남이 아니라 바로 자신인 것입니다.

1. 사람에게 보이려

당시 유대인들 사이에서 대표적 경건의 행위로 생각하는 것은 세 가지였습니다. 구제와 기도 그리고 금식입니다. 이로써 자기 의를 행

하는 문제에 대해 우리 주님은 폭로하시며 그 본질을 밝혀주신 것입니다. 예수님 당시에도 그렇게 명예를 소중하게 여기는 바리새인과 율법학자들이 있었습니다.

그에 반하여 예수님은 제자들에게 선한 일을 할 때 사람에게 보이려고 의를 행하지 말라"고 당부하셨습니다. 왜 이것이 문제가 됩니까? 그 이유는 사람에게 보이려고 한다는 것은 사람이 보지 않을 때는 하지 않는 것입니다. 제자들이 선한 일을 하고도 하나님 아버지께 상을 얻지 못하는 경우가 있는 것입니다.

예수님의 제자가 된다는 것은 명예욕을 포기한다는 말입니다. 나는 아직도 자기 의를 내세우며 알아주기를 바라고 있지는 않은가 돌아봅시다. 하나님의 일을 하면서도 명예를 좋아하는 사람이 있습니다. 그런 사람은 구제와 봉사를 할 때 나팔을 불면서 합니다. 나는 나팔형인가, 은밀형인가 조용히 점검해 봅시다.

2. 구제할 때에

구제는 가장 은밀할 때에 향기로운 제물이 됩니다. 그러나 외식하는 자는 그 일로 인하여 사람에게서 칭찬을 받기를 원합니다. "회당과 거리"에서 하는 것과 같습니다. 회당과 거리는 유대 사회에서 모두가 다 알게 되는 장소라는 뜻입니다.

"나팔을 불지 말라"라는 표현은, 당시 성전의 입구에 있는 좁은 나팔 모양의 헌금함에서 비롯된 것입니다. 거기에 돈을 많이 넣으면 그 소리가 요란하게 들렸던 것입니다. 이처럼 내가 헌금을 많이 한다는 것이 자랑이 되어버리는 것에 대해 비유로 하신 말씀입니다.

"자기 상을 이미 받았느니라"라는 표현을 직역하면 '자기 품삯을 이미 돌려받았다'라는 말입니다. 자기 품삯을 사람에게서 받는 영광으로 보상받았다는 의미입니다. 그는 주님 나라에서 받을 것이 이미 없습니다.

3. 은밀하게

예수님의 참 제자는 선한 일을 할 때 어떻게 해야 될까요?

오른손이 하는 것을 왼손이 모르게 하라고 하십니다. 과연 그렇게 할 수 있는가? 어려운 일일까요, 아니면 쉬운 일일일까요?

"나팔을 불다"는 자랑하다, 선전하다는 뜻입니다. 이에 반하여 "은밀하게 하라"(4절)는 아무도 모르게 하라는 뜻입니다. 회당과 거리에서 나팔을 불며 구제를 하는 사람은 이미 하나님께 상급을 받았다고 하셨습니다. 하늘나라에 갔을 때, 내가 하나님께 받을 상급이 아직 남아 있을까요? 얼마나 남아 있을까요?

구제를 할 때 은밀히 하라고 하신 것은 "하나님의 의"만 나타내라는 뜻입니다. 오늘 나는 구제와 봉사에 있어서 "하나님의 의"만 나타내고 있을까요? 여기에 자유가 있습니다.

예수님의 제자들이 은밀하게 선을 행한다면 아버지 하나님께서는 그것을 언제 보실까요? 은밀한 중에 보십니다(4절). 그 하늘 아버지의 눈에 뜨이는 우리가 되기를 원합니다.

▶ 학습 문제

⑴ 당시 유대인들이 내세운 대표적 경건의 행위는 무엇입니까?

답: 구제, 기도, 금식

⑵ 구제를 할 때 은밀히 하라고 하신 것은 결국 무엇을 나타내란 뜻입니까?

답: "하나님의 의"만 나타내라는 뜻

✤ 기도

존귀하신 하나님, 위선의 옷과 가면을 벗고 오직 주의 영광을 위하여 하나님과
사람 앞에서 진실하게 하소서. 예수님 이름으로 기도합니다. 아멘.

✤ 중보기도

(1) 이웃을 돕다가 지쳐서 중단한 ***가 새 힘을 얻게 하소서.
(2) 우리 교회 공동체가 서로 은밀한 중에 섬기는 분위기가 살아나게 하소서.

▶ 만남의 준비

마태복음 6:19-24절을 읽고 나 자신의 재물관에 대해 깊이 생각해 봅시다.

28. 벗어나기 - 재물욕

> 성경 : 마태복음 6:19-24 (외울 말씀 21절)
> 찬송 : 179장(167), 488장(539)
> 주제 : 비록 땅에서 살지만 하늘의 보물을 목적하고 오늘을 살기

주님은 제자들의 마음과 눈이 어디를 향해야 하는지 가르치십니다. 있는 재물은 하늘에 쌓고 없는 재물은 걱정하지 말고, 오직 하나님 나라의 의를 구하라 하십니다.

1. 땅의 것보다

주님은 제자들의 마음과 눈이 어디를 향해야 하는지 가르치십니다. 땅의 것보다 하늘의 상을 바라고, 땅의 소원보다 하늘의 뜻을 구하라는 말씀을, '보물을 땅에 쌓아두지 말라'는 말씀으로 요약하십니다. 계급 상승과 소유물 추적을 보물로 여기는 이들은 경쟁자들을 신경 쓰느라 하늘의 보물을 쌓는 데 마음 쓸 겨를이 없습니다. 반면에 천국에 마음을 두기에 세상의 보물을 쌓는 데 뒤처진 이들은 그 손해만큼 하늘 나라에 영원한 보물을 쌓을 것입니다.

2. 성한 눈

예수님은 눈이 몸의 등불이라고 하셨습니다. '눈이 성하다'라는 것은 한결같이 하나님만 바라보는 순종을 뜻합니다. 소유로 존재의 값을

매기는 세상에 휩쓸리지 말아야 합니다. 오직 하나님께 시선을 고정할 때, 주님이 내게 맡기신 소유를 나누어야 할 이웃의 존재가 눈에 들어오는 것입니다. 허지만 동정심을 던져버린 인색한 눈은 그 인생 전체를 어둡게 할 것입니다. 나눔과 베풂의 행복을 모른다는 것은 자신만 챙기는 삶의 가장 큰 불행입니다.

이 세상의 재물에 대한 욕심으로 인해서 우리의 영적인 눈이 흐려진다면 우리의 몸이 어떻게 되겠습니까?

"눈이 나쁘면 온몸이 어두울 것이니 그러므로 네게 있는 빛이 어두우면 그 어둠이 얼마나 더하겠느냐"(마 6:23)

어둡다는 것은 문자적으로 빛이 없는 암흑 속에서 대상을 제대로 분간하지 못함을 가리킵니다. 즉 세상 재물에 현혹되어 영적 세계와 참된 진리를 보지 못하는 눈은 온몸에 진리의 세계를 전달해 주는 기능이 마비되었음을 뜻합니다. 영적인 진리의 세계를 밝혀주는 마음의 등불이 어두우면 진리를 전혀 이해하지 못한다는 것입니다.

돈이 쌓이게 되면 마음이 가고 지배받게 됩니다. 돈을 하나님 뜻대로 바르게 활용하여, 돈이 많아도 돈에 지배를 받지 않고 돈이 부족해도 삶이 위축되지 않게 되시기를 바랍니다.

3. 두 주인

예수께서는 한 걸음 더 나아가 우리가 누구를 주인으로 섬겨야 하는지에 대한 보다 근본적인 선택의 문제를 제시합니다. 한 주인을 섬기게 되면 다른 사람을 섬길 수가 없습니다. 즉 두 주인을 섬기려 하는 것은 한 주인도 섬기지 못하는 결과가 되는 것입니다.

여기서 '미움'과 '사랑'은 인간이 지닌 본성적 감정을 뜻하기보다 어떤 구체적인 목적성을 지닌 마음의 현상을 뜻합니다. 어찌되었든 이 양자는 엄밀히 말해 겸비할 수 없는 것입니다. 이러한 맥락에서 바울은 우리가 죄의 종이 되어 사망에 이르든지 또는 순종의 종이 되어 의에 이르든지 하게 된다고 말합니다(롬 6:16).

여기서 '겸하여'란 '대등하다'는 뜻입니다. 천지의 창조자이신 하나님을 그분의 피조물에 지나지 않는 물질과 동등한 위치에 두는 것을 말합니다. 하나님은 전적인 헌신을 받으시거나 또는 아예 섬김을 받지 않으시거나 둘 중 하나를 원하십니다.

그러나 주께서는 여기서 재산 소유를 정죄하는 것은 분명 아닙니다. 우리 그리스도인 역시 세상에서 살아갈 때 재산을 모을 수 있습니다. 단지 이를 인생의 목적으로 삼거나 자랑으로 삼아서는 안 됩니다. 그리고 정당하게 모은 재산을 하나님의 뜻에 맞도록 사용할 수 있어야 하는 것입니다.

오늘 우리에게 찾아오는 기쁨이 하나님을 예배하며 섬기는 삶에서 찾아오는지요? 아니면 세상에서 얻는 돈과 재물이 더 큰 기쁨을 주는지요? 이 질문 앞에 우리는 정직하게 하나님께 응답하기를 원합니다.

▶ 학습 문제

(1) 영적으로 눈이 어둡다는 것은 무슨 의미입니까?

답: 빛이 없는 암흑 속에서 대상을 제대로 분간하지 못함

(2) 예수께서 언급하신 두 주인이란 무엇입니까?

답: 하늘 아버지 혹은 재물

🌱 기도

존귀하신 하나님, 돈이 군림하는 세상에서 하나님을 주인으로 모시는 나의 삶이 온전하게 하옵소서. 예수님 이름으로 기도합니다. 아멘.

🌱 중보기도

(1) 가정이 경제적으로 곤고한 **가 중심을 잡고 승리하게 하소서.
(2) 우리 공동체가 복음 사업과 궁핍한 이웃을 챙기는 일을 잘 감당케 하소서.

▶ 만남의 준비

마태복음 20:20-28절을 읽고 진정한 권세와 섬김에 대해 묵상해 봅시다.

29. 벗어나기 - 권세욕

성경 : 마태복음 20:20-28 (외울 말씀 28절)
찬송 : 80장(101), 9장(53)
주제 : 크고자 하는 자는 섬기는 자가 되고 으뜸이 되고자 하는
자는 종이 되어야 함

본래 권세는 하나님께 속한 것입니다. 하나님은 자신의 권세를 예수님에게 주셨습니다. 그래서 예수님은 가르치는 것이 권세 있는 자와 같았고(마 9:6), 죄를 사하시는 권세(막 2:10)를 하나님에게서 부여받았습니다.

그런데 빌라도는 진정한 권세자가 되시는 예수님의 앞에서 썩어질 자신의 권세를 자랑했습니다(요 19:10). 그런데 놀라운 사실은 예수님의 제자들까지도 권세욕에 젖어 있었다는 것입니다.

예수님은 예루살렘으로 올라가는 길목에서 세 번째로 자신의 수난을 예고하셨습니다. 그런데 제자들은 자기 목숨을 버리러 가는 스승 곁에서 자리다툼을 벌입니다.

1. 청탁

어머니의 자식 걱정은 예수님 당시에도 마찬가지였습니다. 예수님에게 자기 아들을 데려온 여인은 누구입니까? 예수님이 십자가의 수난을 예고하시는 바로 그때에 야고보와 요한의 어머니는 주님의 나라

에서 가장 높은 두 자리를 두 아들에게 달라고 청탁했습니다. 그 여인은 예수님에게 자기 두 아들의 장래를 부탁한 것입니다.

예수께서는 그 여인과 그 두 아들에게 "너희 구하는 것을 너희가 알지 못하는 도다."라고 답하셨습니다. 주님이 쓰신 면류관이 가시 면류관이요 주님이 받으신 영광이 십자가의 영광임을 이해하지 못하면, 예수님의 길과 나의 길은 계속 어긋날 것입니다.

예수님께서 세상 권좌에 앉게 될 때 그분의 오른쪽과 왼쪽에 앉혀 달라는 욕망을 드러내었던 것입니다. 예수님의 권세는 영적인 권세이며, 하나님의 나라의 권세였음에도 제자들은 아직도 세상에 속한 자들이었기에 이 세상적인 권세를 탐한 것입니다. 이 세상에서 높은 자가 되기를 원했습니다. 지금 나의 마음은 어떠합니까? 나는 아직도 이 땅에서 높은 자가 되기를 원하고 있지 않습니까?

2. 섬김을 가르치심

자기 두 아들을 예수님 우편, 좌편에 앉혀 달라는 그 모친의 말을 곁에 있던 다른 제자들이 들었습니다. 제자들은 어떤 태도를 보였습니까? 모두가 분을 내었습니다. 이는 모두가 같은 생각을 하고 있었다는 의미입니다(24절). 그때 예수님은 제자들에게 권세욕을 버리라고 하시면서 권세는 이방의 집권자들과 고관들이 부리는 것이라고 하셨습니다.

오히려 예수님은 제자들에게 크고자 하는 자와 으뜸이 되고자 하는 자는 섬기는 자가 되고 종이 되어야 함을 가르치셨습니다. 권세는 세속적인 통치자들이나 좋아하는 것입니다. 나는 혹시 교회에서 어떤 권세를 부린 적은 없는지요?

세상 나라는 힘과 권력을 추구하지만, 하나님 나라는 그 반대 원리가 작용하는 나라입니다. 크고자 하는 자는 섬기는 자가 되고, 으뜸이 되고자 하는 자는 종이 되는 나라가 하나님 나라입니다. 힘과 권력이 아닌 자기 부인과 섬김을 향해 나아가는 것이 진정 하나님 나라의 백성 된 표입니다.

3. 섬기려 하심

권세욕에서 벗어나면 자유가 있습니다.

예수님을 따르면서도 더 높은 자리를 원하는 제자들에게, 자신은 다른 사람을 섬기러, 다른 사람을 살리기 위해 자기 목숨을 대속물로 주러 이 땅에 오셨음을 밝히셨습니다.

세속적 욕망에 찌든 이들의 잘못된 가치관을 바로 잡기 위해 주님은 자신의 삶을 하나님 나라 백성의 합당한 예로 제시하셨습니다.

크고자 하는 자와 으뜸이 되고자 하는 자는 섬기는 자와 종이 되라고 하셨습니다. 그렇다면 우리 교회, 우리 가정, 우리 직장에서 진정으로 가장 큰 자와 으뜸이 된 자는 누구라고 할 수 있습니까? 나 자신이 진정으로 하나님의 나라에서 주님의 우편과 좌편에 앉기를 원한다면 이 땅에서 어떻게 살아야 하겠습니까? 가시관을 쓰신 겸손하신 주님께 기도합시다. "나는 주님 곁에 머물며 이제부터는 주님의 그 겸손하고 온유한 자리를 택하겠습니다. 나는 가정에서나 직장에서나 그 밖의 어디서나 다른 사람에게 나의 지위와 권리를 나누어주겠습니다."

▶ 학습 문제

(1) 두 아들을 데리고 나온 여인은 누구입니까?

답: 야고보와 요한의 모친

(2) 크고자 하는 자와 으뜸이 되고자 하는 자는 어떻게 해야 합니까?

　　답: 섬기는 자가 되고 종이 되어야 함

🌱 기도

존귀하신 하나님, 내가 속한 현실 속에서 낮아짐과 섬김의 도리를 다함으로 그리스도의 향기가 되기를 간절히 원합니다. 예수님 이름으로 기도합니다. 아멘.

🌱 중보기도

(1) 내 주위에서 따돌림이나 갑질을 당하는 이가 있는지 살펴 보게하소서.

(2) 어떤 대가를 지불하고라도 믿음의 결단과 선택을 하는 우리 교회 지체들이
　　되게 하소서.

▶ 만남의 준비

마태복음 5:13-16절을 읽고 나의 존재에 대해 깊이 생각해 봅시다.

30. 필요한 존재 되기

예수님은 제자들을 세상의 빛과 소금에 비유하십니다. 그들의 정체성과 사명을 일깨우시는 것입니다. 세상과 율법에 대한 제자들의 태도 역시 더욱 온전해져야 한다고 교훈하십니다.

하나님 나라가 내 안에서 이루어진다면, 그 영향은 세상 속에서 가시적으로 나타날 것입니다. 그것이 소금과 빛입니다. 예수님은 그런 존재가 되라고 명령하지 않고 이미 그런 존재라고 말씀하십니다. 내가 누구인지 알면 내가 어떻게 살아야 하는지도 알게 됩니다.

1. 너희는 소금

예수님은 제자들을 가리켜서 세상의 소금이라고 하셨습니다.

'소금'은 고대의 종교 세계에서 인내와 순결과 부패 방지의 상징으로서의 의미를 지닌 것이었습니다. 그런데 예수께서는 주로 비유적인 의미에서 이 소금의 역할과 가치를 인정하셨습니다. 소금의 여러 용도가 이야기되었지만 무엇보다도 소금은 음식을 보존하기 위하여 사용되었습니다. 소금이 맛을 잃으면 다른 것으로 짜게 할 수 있습니까?

제자는 이 땅의 소금입니다. 주님은 소금이 짠맛을 잃어버리면 무용지물이 된다고 하십니다. 조롱거리가 된다고 경고하십니다. 제자가 제자다움을, 교회가 교회다움을 잃어버린다면 밖에 버려집니다. 밟히는 신세로 전락할 수밖에 없다는 무서운 경고입니다. 세상과의 다름, 예수를 따름이 우리의 제자다움을 결정합니다. 박해당하는 어려운 현실 가운데서도 타협하지 않는 꿋꿋한 정체성을 지키는 삶이 제자다움입니다.

2. 너희는 빛

예수님은 또한 제자들을 가리켜서 세상의 빛이라고 하셨습니다.

유대인들은 자기들이 세상의 빛이라고 생각하였지만(롬 2:19) 진정한 빛은 선지자들이 예언한 바 고난받는 종 한 분 예수님 뿐입니다(사 42:6, 49:6). 따라서 예수의 제자들은 그분으로 말미암아 세상에 비취는 새 빛이 될 수 있는 것입니다(엡 5:8).

고대의 마을은 흔히 흰 석회암으로 건축되었기 때문에 사람들 눈에 쉽게 보이고 감추어지지 않았습니다. 밤에는 동네 주민들이 켜놓은 등불이 주변 지역에 빛을 드리우게 했습니다.

예수의 제자들은 하나님의 백성이 모이는 참된 모임이고, 그리스도의 참 빛을 세상에 비추는 순결한 반사체입니다. 이러한 주제는 모두 마태복음에서는 중심적인 것들입니다(Carson).

예수님은 이 비유에서 더 강조하고 있습니다. 예수님의 제자들이 보여 주어야 하는 것은 그들의 '착한 행실'이라는 것입니다. 그들은 하나님의 마음과 뜻을 나타내는 모든 의(義)를 행하여야 합니다. 그리고 사람들이 이 빛을 보도록 해야 합니다. 이같이 빛을 비추고 아버지를 영화롭게 하는 것이 제자들이 살아가는 유일한 이유입니다.

실로 선행이 따르지 않는 선한 말은 아무런 가치가 없는 것입니다.

'소금'(13절)이 부패를 늦추는 소극적인 역할을 하고 제자들이 세상을 따라 가거나 타협하게 될 위험에 대하여 경고하고 있는 것이라면, '빛'(14-16절)은 죄로 어두운 세상을 비추는 적극적인 면을 말합니다. 덧붙여 제자들이 세상에서 물러나서 그로 인해 다른 사람들도 하나님을 영화롭게 할 기회를 잃게 될 것을 염려하여 경고하고 있습니다.

제자는 이 땅의 빛입니다. 빛이 세상을 위해 존재하는 것처럼 제자들 역시 세상을 위해 존재해야 합니다. 우리가 비추어야 할 빛은 제자다움에서 나오는 착한 행실입니다. 사람들은 우리를 보고 하나님을 칭송합니까.

또한 예수께서 제자들에게 세상의 소금이요, 세상의 빛이라고 하신 이유는 세상을 떠나지 말고 세상 속에서 일하라는 뜻입니다. 나는 세상 속에서 일하고 있는가, 아니면 세상을 외면하고 신앙생활을 하고 있는가 살펴 봅시다.

빛과 소금은 모두 '조용히 그러나 확실하게' 영향을 주는 존재입니다. 크게 드러나지 않더라도 작은 말 한마디, 작은 선택 하나가 누군가에겐 큰 위로와 힘이 될 수 있습니다. 예수님은 우리에게 무거운 짐이 아니라, 삶의 이유와 방향을 알려주십니다. 빛처럼 따뜻하게, 소금처럼 진하게 오늘 하루도 누군가에게 선한 영향력을 전해보면 어떨까요?

▶ 학습 문제

(1) 고대에서 소금은 어디에 사용되었습니까?

   답: 음식을 보존하기 위하여 사용됨

(2) **역사 속에서 진정한 빛은 누구신가?**

   답: 선지자들이 예언한 바 고난받는 종 한 분 예수님 뿐임

☀ 기도

존귀하신 하나님, 이 시대에 그리스도인답게 소금과 빛의 사명을 잘 감당하며
살게 하소서. 예수님 이름으로 기도합니다. 아멘.

☀ 중보기도

(1) 나의 일터에서 소금의 역할을 감당키를 원합니다.

(2) 우리 교회 공동체가 땅끝까지 복음의 빛을 비추게 하소서.

▶ 만남의 준비

마태복음 18:21-35절을 읽고 예수님의 용서와 나의 용서를 비교해 보고 묵상
해 봅시다.

31. 용서란

성경 : 마태복음 18:21-35 (외울 말씀 35절)
찬송 : 342장(395), 220장(278)
주제 : 예수님은 형제자매를 용서하되 그 한계를 두지 말 것을 요
구하심

본문에서 용서를 나눈다면 율법적인 용서와 제자들의 용서, 예수님
의 용서로 분류할 수 있습니다. 율법적인 용서는 랍비들이 만들어 놓
은 조항으로 타인의 죄는 세 번까지 용서해 주는 것입니다. 사실 세 번
까지 용서해 준다는 것도 일반적으로 드문 일입니다.

제자들의 용서는 예수님을 좇아다니며 은혜의 부스러기를 얻어먹었
던 베드로의 용서입니다. 일곱 번까지 용서하는 것을 뜻합니다.

예수님의 용서는 율법적인 용서와 제자들의 용서와는 비교될 수
없는 용서입니다. 일흔 번의 일곱 번까지라도 용서하라시는 무한대
의 용서를 말함입니다. 오늘 우리의 용서는 조건부 용서일까요 아니
면 제한적인 용서일까요? 율법적인 용서일까요 혹은 무한대의 용서
일까요?

1. 한없는 용서

베드로가 주께 나아와 용서에 대하여 여쭈었습니다.

주님은 용서하되 한없이 하라고 하셨습니다. 당시 랍비들은 세 번까

지 용서하라 했고, 베드로는 좀 더 관대하게 일곱 번까지 용서할 준비가 되어 있었습니다. 그러나 예수님은 그 한계를 허무십니다. 무한한 복수를 상징하는 라멕의 칠십칠배를 반영하셨습니다. 일곱 번을 일흔 번 까지라는 표현으로 무한한 용서를 명하셨습니다.

용서는 단번에 끝나는 것이 아니라 일련의 과정입니다. 죄인을 있는 그대로 수용하는 일입니다. 나아가 내 상처를 하나님이 사용하시도록 그분의 주권에 맡기는 일입니다.

베드로가 질문한 '그때'는 죄를 지은 형제자매를 용서하기 위해 두세 사람이 주의 이름으로 모여 합심 기도하는 맥락 안에 있습니다. 교회는 용서로 시작된 공동체이자 용서받은 이들이 얽힌 모임입니다. 그 관계를 유지하고 확장하며 회복하는 가장 주된 수단은 용서여야 합니다.

2. 은혜를 모르는 종의 비유

예수님은 용서의 교훈을 알려주시려고 은혜를 모르는 종의 비유를 들어 설명하셨습니다. 여기 만 달란트의 빚을 탕감받은 자가 나오고, 또 그의 앞에 백 데나리온 빚을 진 동료가 등장합니다. 탕감받은 그는 자신에게 빚진 동료를 모질게 대합니다.

달란트는 그 당시 화폐의 최대 단위입니다. '만'은 헬라어로 표현할 수 있는 최대 숫자입니다. 비유 속의 주인이 탕감해준 만 달란트는 한계 없는 용서를 상징합니다. 우리가 죄를 용서받고 살기 위해 갚아야 할 빚이 그만큼이었습니다.

용서할 수 있으려면 내가 받은 용서를 기억해야 합니다. 도저히 이해할 수도, 계산할 수도 없는 용서의 은혜 때문에 우리에게도 관습과 상식을 초월한 용서를 요구하신 것입니다. 누군가를 용서할 수 없을 만큼 미울 때, 내가 이렇게 주님을 갈망하면서 부활의 소망을 품고 살 수 있게 하신 용서의 은혜를 기억합시다.

3. 탕감받은 자의 잔인함

탕감받은 자는 그 감사함으로 살아야 했습니다. 그러나 그는 동료에게 인색하여 빚 독촉을 했고 더 나아가 옥에 가두었습니다.

'백 데나리온'은 만 달란트의 60만분의 1입니다. 16만 년 일해야 갚을 수 있는 빚을 탕감받았는데, 고작 백일 치 품삯 때문에 동료를 무자비하게 대했습니다. 그렇다면 탕감의 은혜를 거두고 다시 그 빚의 책임을 물어 심판하는 게 마땅합니다. 용서하지 않으면 용서받을 수 없습니다.

우리가 반복하는 주기도문에서 봅니다. 죄를 눈감아 주지 않는 단호하고 신중한 권면과, 돌아온 자를 조건 없이 받아주는 한없는 용서가 있을 때, 교회는 주님 오실 때까지 세상에 천국의 실체를 보여 줄 것입니다.

나는 형제들을 몇 번까지 용서해 줄 수 있다고 생각합니까? 아직까지 용서해 줄 수 없는 사람이 있다면 누구입니까? 그것은 나를 구속하신 주님 앞에서 정당합니까?

▶ 학습 문제

(1) 베드로의 용서할 준비에 대해 주님의 명은 무엇입니까?

답: 그 한계를 허물라

(2) 탕감 받은 자의 잔인함은 무엇입니까?

　답: 동료에게 빚 독촉을 했고 더 나아가 옥에 가두었다

✌ 기도

존귀하신 하나님, 용서하고 싶지 않은 때, 제가 주께 받은 면제의 은혜를 기억하게 하소서. 예수님 이름으로 기도합니다. 아멘.

✌ 중보기도

(1) 분노의 감정에서 자유로비 못한 ***를 어루만져주소서.

(2) 이 땅의 상처 투성이 교회들이 사랑하고 용서하는 보혈의 공동체가 되게 하소서.

▶ 만남의 준비

누가복음 10:25-37절을 읽고 나의 참 이웃에 대해 깊이 묵상해 봅시다.

32. 이웃의 개념 바꾸기

성경 : 누가복음 10:25-37 (외울 말씀 27절)
찬송 : 455장(507), 463장(518)
주제 : 그리스도인은 편견 없이 이웃을 대해야 함

우리가 말하는 이웃은 다양할 수 있습니다. 외형적인 이웃은 혈연, 친분, 지역, 문화 등에 의하여 형성되는 이웃이고, 실제적인 이웃은 그런 피상적 관계를 초월해서 실제적으로 나에게 관심을 갖고 사랑을 베푸는 이웃입니다. 그렇다면 당신은 사람들에게 있어서 외형적인 이웃일까요, 실제적인 이웃일까요? 당신에게 있어서 외형적인 이웃은 어떤 사람들이고 당신에게 실제적인 이웃은 어떤 사람들입니까?

예수님은 그를 시험하는 율법사에게 영생의 길인 이웃 사랑의 참된 의미를 가르쳐주십니다.

1. 율법사의 시험

어떤 율법 교사가 하나님의 아들 예수님을 시험하려 했습니다. 그가 '율법 교사'라는 자격증을 소유했다지만 율법 교사의 자격은 없었습니다.

오늘날에도 그렇습니다. 학위와 직분을 가지고 있지만 진정한 자격을 갖추지 못한 말씀 교사들이 있습니다. 외적인 조건에 속지 말고 그들의 말을 듣고 삶을 보며 분별해야겠습니다.

율법 교사는 율법에 기록된 영생의 길을 알고 있었습니다. 그렇지만 바르게 알지 못했고 그래서 제대로 살지 못했습니다. '누가 내 이웃입니까'라는 질문에서 그가 사람을 구별하고 차별해 왔음을 알 수 있습니다. 그래서 '네 이웃을 네 자신 같이 사랑하라'하신 말씀을 지키지 못했음을 알 수 있습니다.

삶으로 받쳐주지 않는 지식은 무의미하고 어설픈 지식은 위험합니다. 말씀을 배우면서 하나님의 마음을 깨닫고 그 마음에 합당하게 살기 위해 우리는 힘써야 합니다.

2. 선한 사마리아 사람

주님이 주신 비유의 내용은 이렇습니다. 예루살렘에서 여리고로 내려가는 길에서 강도를 만나 거의 죽게 된 사람이 있습니다. 누군가의 돌봄이 없으면 죽게 되었습니다. 첫 번째로 제사장과 레위인이 그를 지나쳐 버립니다. 여기서 제사장과 레위인은 율법을 잘 알고 있으며, 종교적인 의무를 수행하는 자들입니다. 그러나 그들은 위기에 처한 사람의 고통을 외면하고 자신의 길을 갑니다.

다음에 등장한 것은 사마리아인입니다. 사마리아인은 당시 유대인과 사마리아인 사이의 적대감을 넘어서 강도 만난 자를 보고 불쌍히 여기는 마음으로 다가갑니다. 그는 기름과 포도주를 그의 상처에 붓고 싸매주며, 자기 짐승에 태워 주막으로 데려가 돌봐주는 적극적인 사랑을 실천합니다. 심지어 이튿날에는 더 필요한 비용을 모두 책임지겠다는 약속까지 합니다. 이처럼 사마리아인은 진정한 이웃 사랑을 보여주었습니다.

이웃을 제한하다 보면, 제사장과 레위인처럼 자기 편의에 따라 불쌍한 자를 이웃에서 제외할 수도 있습니다. 진정한 이웃 사랑은 자신을 희생하면서까지 유대인을 살펴준 사마리아인처럼 경계를 뛰어넘어야 합니다. 이웃의 범위에 제한을 두지 않고 원수를 사랑하라 하신 말씀처럼 원수까지 이웃으로 여겨야 합니다. 우리가 지워야 할 경계는 무엇입니까?

3. 강도 만난 자의 이웃은

비유를 마친 예수님은 '누가 강도 만난 자의 이웃이 되었느냐'고 되물으십니다. 율법사는 '자비를 베푼 자'라고 대답합니다. 예수님은 '가서 너도 이와같이 하라'고 말씀하셨습니다. 이는 누구나 자신의 이웃이 될 수 있다는 것과 진정한 사랑은 편견 없이 모든 사람을 돕는 것임을 알려주는 것입니다. 곤경에 처한 이웃에게 자비를 베풀어 그가 나를 이웃으로 여기게끔 하라는 뜻입니다. 그것이 진정한 이웃 사랑입니다.

이 말씀을 통해 우리 자신을 돌아보게 됩니다. 나의 이웃은 누구입니까? 우리는 자주 자신의 편견과 이익에 가리어져서 도움이 필요한 사람을 외면할 때가 있습니다. 하지만 예수님의 말씀은 우리가 하나님의 사랑을 받았기 때문에 그 사랑을 가지고 다른 이들을 돌봐야 한다는 것입니다. 우리에게 편견 없이 사랑과 자비를 실천하라는 중요한 교훈을 주시는 것입니다. 자비의 행위는 말로만 되는 것이 아니라 우리의 일상 속에서 실천되어야 합니다.

▶ 학습 문제

(1) 강도 만난 자는 유대인인데, 선을 베푼 자는 누구입니까?

답: 사마리아인

(2) '누가 내 이웃인가'라는 질문은 어떻게 바뀌어야 합니까?

　답: 고난에 처한 그의 이웃은 누구인가

🌱 기도

자비로우신 주님, 오늘 내가 시야를 좁혀서 인색한 자가 되지 않게 하시고 도움이 필요한 그들을 내 이웃으로 받게 하소서. 예수님 이름으로 기도 드립니다. 아멘.

🌱 중보기도

(1) 지금 곤고한 처지에 있는 **에게 내가 실제적 도움이 되기를 원합니다.

(2) 우리 공동체가 우리의 손 길을 필요로 하는 이들을 잘 분별하게 하소서.

▶ 만남의 준비

마가복음 2:1-12절을 읽고 참 친구의 사랑과 헌신에 대해 생각해 봅시다.

33. 네 친구

성경 : 마가복음 2:1-12 (외울 말씀 5절)
찬송 : 471장(528), 500장(258)
주제 : 치유자이신 예수님께 나아가기 위해서는 믿음의 힘을 모아야 함

중풍병은 뇌일혈 등으로 인해 신체의 일부나 혹은 몸 전체가 마비되는 병입니다. 그래서 중풍병에 걸린 사람은 걸을 수 없고 언어장애까지 와서 타인에게 의존해야만 살아갈 수 있게 됩니다.

예수님은 한 중풍병자에게 치유와 죄 사함을 베푸심으로 그분이 단순한 치유자가 아니라 하늘의 권세를 지닌 하나님의 아들임을 드러내십니다.

그 중풍병자가 예수님을 만나기 위해서는 어떤 도움들이 있어야 되었을까요? 어떤 장애물을 넘어서 예수님을 만날 수 있었을까요?

1. 중풍병자와 친구들

예수님에게 나오고 싶어도 혼자 힘으로 나올 수 없는 사람들이 많습니다.

본문의 중풍 병자는 어떤 방법으로 예수님께 나왔습니까? 신실한 네 명의 도움이 돋보입니다. 이미 집안은 수 많은 사람들로 가득하였습니다. 네 명은 중풍병자가 누운 침상을 그대로 메고 지붕으로 올라갔

습니다. 그리고 지붕을 뜯고 달아 내렸습니다.

　주님의 가르침이 한창일 때 이런 소동을 일으키는 것은 망설여지는 일입니다. 그러나 나병 환자가 비난을 각오하고 무리를 헤치고 주님께 나아왔던 것처럼, 이들도 친구의 회복을 위해 무리를 감행한 것입니다.

　주님은 중풍병자를 데려온 '그들의 믿음'을 보시고 중풍 병자를 치유하십니다. 예수님은 그들을 책망하지 않으시고 그들의 믿음에 주목하셨습니다. 그리고 중풍병자의 죄까지 사해 주셨습니다. 오늘 우리 문제의 진정한 해결자이신 주님께 우리는 그렇게 함께 나아가고 있습니까?

2. 죄사함과 치유

　'네 죄 사함을 받았느니라'는 말과 '네 상을 가지고 걸어가라'(9절)는 예수님의 말씀은 그분의 사역을 잘 드러냅니다. 예수님은 인류의 근본적인 죄 문제를 해결하러 오셨지만, 죄로 인한 사람들의 고통도 결코 외면하지 않으셨습니다. 죄사함과 치유, 이 둘은 밀접하게 연관되어 있습니다. 중풍병자가 일어나 상을 가지고 모든 사람 앞에서 나갈 때 사람들은 놀라 하나님께 영광을 돌렸습니다.

　오늘날의 교회와 그리스도인의 사역도 이 둘의 조화를 이루어야 합니다. 이것도 버릴 수 없고 저것도 버려서는 안 됩니다. 삶의 필요를 돌아보지 않은 채 영혼 구원만 외치거나, 구제와 사회 복지에 열심을 내면서 영혼 구원에 관심을 가지지 않는 것은 모두 균형 잡힌 선교가 아닙니다. 우리 교회 공동체는 어떤 부분에 강점을 두고 전도와 선교를 진행하고 있습니까? 이제 어떤 부분에서 더 균형을 잡아가야 할까요?

3. 서기관들과의 변론

그 광경을 바라보고 있는 한 그룹이 있었습니다. 서기관들입니다. 그들은 신성 모독이라고 비난했습니다. "이 사람이 어찌 이렇게 말하는가 신성 모독이로다. 오직 하나님 한 분 외에는 누가 능히 죄를 사하겠느냐"(막 2:7).

예수님은 죄를 사하는 하나님의 아들이십니다. 죄를 사하는 것은 전적으로 하나님의 권한입니다. 하나님은 인류의 죄를 사하시기 위해 죄 없으신 아들을 이 땅에 보내셨습니다. 그래서 예수님은 병자를 치유하기에 앞서 이 일을 위해 오셨음을 알리기 위해 죄사함을 선포하셨습니다. 그러나 서기관들은 예수님의 행위를 신성 모독이라고 생각했습니다.

이에 예수님은 그분께 죄를 사하는 권세가 있음을 증명하시기 위해 중풍병자를 자리에서 일으키십니다. 모두가 보는 앞에서 '일어나 네 상을 가지고 집으로'(11절) 가도록 하셨습니다.

우리는 육체의 질병을 심각하게 여기는 만큼, 우리 영혼의 질병을 슬퍼하며 주님께 사죄의 은총을 구하고 있습니까?

▶ **학습 문제**

(1) 5절에 "예수께서 저희의 믿음을 보시고"란 말이 있다. 누구의 믿음인가?

　답: 네 사람의 믿음

(2) 서기관들은 왜 예수님의 치유 행위를 비난했는가?

　답: 신성 모독이라고 생각했다

🌿 기도

거룩하신 주님, 오늘 나의 믿음으로 인하여 주변 사람들이 놀라며 하나님께 영광을 돌리는 일이 있도록 제게 힘을 주옵소서. 예수님 이름으로 기도합니다. 아멘.

🌿 중보기도

(1) 연약한 질병 가운데 있는 ***에게 치유의 은총을 베푸소서.

(2) 온 교우들이 함께 힘을 모아 치유와 구원을 감당하는 교회가 되게 하소서.

▶ 만남의 준비

요한복음 9:1-12절을 읽고 우리는 예수님의 말씀에 순종하는 사람인가 생각해봅시다.

34. 누구의 죄?

성경 : 요한복음 9:1-12 (외울 말씀 3절)
찬송 : 279장(337), 394장(449)
주제 : 이웃의 아픔을 하나님의 시각으로 보며 도와야 한다

예수님은 날 때부터 눈이 보이지 않는 한 사람을 고치심으로써, 자신이 이 세상에 빛으로 오셨음을 보여주십니다.

1. 하나님의 일을 나타낼 사람

예수님의 일행이 길을 가다가 태어날 때부터 맹인 된 사람을 보게 되었습니다. 예수님은 어둠 속에 살아가는 이 사람에게 연민의 정을 느끼셨습니다.

그러나 제자들은 날 때부터 시각 장애인인 이 사람의 고통을 사무적으로 대했습니다. "이 사람이 맹인 됨이 누구의 죄 때문입니까?"(2절). 차가운 말이었습니다. 이 말은 맹인이 아마도 평생 들어왔던 비아냥일 것입니다. 사람들은 모든 종류의 불행을 '부모의 탓, 이웃의 탓, 환경의 잘못으로' 잘못 돌리기도 합니다.

그러나 예수님은 고난의 원인을 토론하는 데는 전혀 관심이 없으셨습니다. 바로 지금 맹인에게 나타날 하나님의 일에 시선을 고정하십니다. 그는 하나님의 일을 나타내기 위해 장애를 안고 태어난 것이라

는 식의 폭력적 위로가 아닙니다. 그의 지난 삶에 주어졌을 수많은 논평이 틀렸음을 보여주시려 한 것입니다. 나아가 그가 직접 하나님의 자비로운 일을 통해 입증하도록 하는 것입니다. 그래서 예수님이 어둠에 빛 비추는 일을 하시려고 하신 것입니다.

2. 세상의 빛이 되시는 예수님

예수님은 말씀하셨습니다. "우리는 낮이 계속되는 동안, 나를 보내신 분의 일을 계속해야 한다"(9:4).

밤이 낮의 시간을 제한하듯, 예수님이 이 세상에 머무시는 시간도 제한되어 있습니다. 그러하기에 흑암뿐인 공간만을 세상으로 가진 이에게 빛으로 급히 찾아가셨습니다. 예수님이 곁에 계시는 낮에 제자들이 함께하여야 할 일이 있었습니다.

우리도 예수님처럼 우리의 사명에 최선을 다해야 합니다. 우리에게도 어두운 밤, 쉴 때가 곧 옵니다. 그때는 일할 수가 없습니다. 그러나 낮 동안에는 아버지의 일, 하나님께서 우리에게 허락하신 사명에 최선을 다하는 사람이 되어야 합니다.

3. 말씀으로 고치심

말씀을 마치신 주님은 땅에 침을 뱉어 진흙을 이겨 맹인의 눈에 바르셨습니다.

창조의 말씀이신 예수님은 흙으로 사람을 처음 창조하시듯, 침을 뱉어 흙을 이겨 시각 장애인의 눈에 바르십니다. 안식일에 금지된 일로 명시된 반죽을 하셨습니다. 단순히 눈의 치료를 넘어 새 창조의 의지를 행동으로 나타내신 것입니다.

태어나면서 볼 수 없던 사람에게 다시 태어나지 않으면 볼 수 없는 그 나라를 보게 하시려는 것입니다. 이 새 창조는 '두번째 모태에 들어 감'(3:4)이 아닌, 실로암에 들어감으로 이루어지는 것임을 보이십니다. 실로암은 보냄을 받은 예수님을 통해 보냄을 받은 자가, 보냄을 받은 성령을 통해 거듭나는 것을 보여주는 상징입니다.

맹인이 눈을 뜨게 된 원인은 가서 씻으라는 주의 말씀에 즉시 순종한 것입니다. 그 당시 실로암 못에는 33개의 가파른 계단이 있었다고 합니다. 성한 사람도 내려가기 어려운 계단입니다. 그러나 예수님이 가라고 말씀하셨으니까 갔습니다. 예수님이 씻으라고 말씀하시니까 씻었습니다.

나는 즉시 순종하는 형입니까? 나는 지식 때문에, 체면 때문에 순종하지 못한 적은 없었는지요? 길거리에 버려진 맹인 거지에게도 하나님의 하시는 일이 있다고 한다면 오늘 우리 각자에게도 하나님의 위대한 계획이 있음을 믿으십시오.

오늘도 실로암의 기적은 순종을 통하여 일어납니다.

▶ **학습 문제**

(1) 날 때 부터 맹인 된 사람에 대한 제자들의 궁금증은 무엇입니까?

　답: 누구의 죄로 인함인가?

(2) 진흙을 이겨 맹인의 눈에 바르신 주님은 그에게 무엇을 요구하셨나요?

　답: 실로암 못에 가서 씻으라

✳ **기도**

하나님, 나에게도 절대 믿음과 절대 순종을 주옵소서. 깨닫는 말씀에 절대 순종하기를 원합니다. 예수님 이름으로 기도드립니다. 아멘.

☀ 중보기도

(1) 장애인의 아픔에 따뜻한 연민과 중보를 잊지 않게 하소서.

(2) 영적으로 육적으로 맹인 된 이들에 대해 우리가 할 바를 하게 하소서.

▶ 만남의 준비

요한복음 8:1–11절을 읽고 삶 속에서 용서와 사랑의 범위를 생각해 봅시다.

35. 그녀의 영혼까지

성경 : 요한복음 8:1-11 (외울 말씀 7절)
찬송 : 280장(338), 369장(487)
주제 : 죄인을 보면 벌 받아야 한다는 생각보다 그리스도의 긍휼
을 가져야 함

본문은 예수님께서 성전에서 백성들을 가르치실 때 일어난 일입니다. 서기관들과 바리새인들이 한 여인을 끌고 왔습니다. 그녀는 간음중에 현장에서 잡인 여자입니다. 서기관은 성경을 필사하고 연구하고 가르치는 자들이었습니다. 바리새인들은 하나님의 율법을 잘 지키고 있다고 자부하는 자들이었습니다.

세상에는 이런 사람들이 많이 있습니다. 다른 사람들의 죄는 잘 밝혀내고 비판합니다. 그러나 자신들의 죄는 깨닫지 못합니다. 자신의 죄는 깨닫지 못하고 다른 사람만 비판하고 불평하는 것은 하나님 앞에 죄를 범하는 것입니다. 참으로 불행한 일입니다. 우리는 어떻습니까?

1. 여인을 잡아 온 이유

그런데 이들은 예수님을 고발할 조건을 얻고자 시험하려고 했습니다(6절). 만약 이 여인을 살려 주라고 하면 하나님의 율법을 어기게 됩니다. 율법에는 간음한 자는 반드시 돌로 쳐 죽이라고 했기 때문입니다(신 22:22,24). 그러므로 예수님께서 돌로 치지 말라고 하면 하나님

의 율법을 어긴 것이라고, 예수님이 하나님께로부터 온 메시아가 아니라고 백성들을 선동할 것입니다.

반면에 돌로 치라고 말한다면 당시 로마 정부의 법을 어기는 것이 됩니다. 당시 이스라엘 로마의 식민지였습니다. 그래서 유대인들에게는 사람을 죽일 권한이 없었습니다.

또한 그것은 하나님의 사랑과 자비를 가르친 예수님의 가르침에 맞지 않으며 무자비한 자라 트집을 잡으려고 했을 것입니다.

이들은 예수님을 궁지 몰아넣으려는 것입니다. 진퇴양난입니다. 그들은 계속 질문 공세를 합니다(7절).

2. 죄를 깨닫게 하심

예수님께서 땅에다 손가락으로 무엇을 쓰고 계십니다(6-7절). 그리고 일어나서서 "너희 중에 죄 없는 자가 먼저 돌로 치라"고 말씀하셨습니다. 예수님은 다시 손가락으로 땅에다 무엇을 쓰시고 계십니다. 이들에게 생각할 시간을 주시는 것 같습니다. 그런데 그들은 돌을 던지지 못하고 있습니다. 웬일일까요?

그들은 예수님의 말씀을 듣고 양심의 가책을 느꼈습니다(9절). 십계명 중 하나만 어겨도 죄인이 되는 것입니다. 성령께서는 하나님 말씀에 비춰 자신의 죄를 깨닫게 해 줍니다. 그들은 자신의 속을 들여다보니 여인에게 돌을 던질 수 없었습니다. 어른으로 시작하여 젊은이까지 다 떠나갔습니다. 주님께서 그들이 죄인임을 알게 해 주신 것입니다. 그러나 슬픈 사실은 이들이 주님 앞을 떠나갔다는 것입니다. 그들의 죄를 용서해 주실 하나님, 구원자 예수님을 몰라보고 떠나간 것입니다. 그들은 그렇게 구원의 기회를 잃어버린 것입니다.

3. 죄인의 구주 예수 그리스도

잠시 후, 예수님께서 여자에게 "너를 고발 하던 자들이, 정죄하던 자들이 없느냐?"라고 물으십니다(10절). 여인이 "주님 없습니다"라고 대답합니다. 주님은 "나도 너를 정죄하지 않는다"라고 하셨습니다(11절). 예수님은 하나님의 아들로 죄가 없으십니다(고후 5:21). 이 여인을 돌로 칠 수 있는 분은 예수님밖에 없습니다.

그런데 왜 정죄하지 않으셨을까요? "가서 다시는 죄를 범하지 말라"(11절)고 하셨습니다.

주님은 우리 죄를 용서해 주실뿐 아니라 주님을 만난 후에는 더 이상 죄를 짓지 말라고 하십니다. 죄에서 떠나라고 하십니다.

주를 믿는 우리는 더 이상 죄를 짓지 맙시다. 죄는 구원 받기 전에 지은 죄로 충분합니다. 주님께서 하신 "나도 너를 정죄하지 아니하노니 가서 다시는 죄를 범하지 말라"는 말씀이 우리 마음속에 늘 있게 되기를 원합니다

▶ 학습 문제

(1) 서기관과 바리새인들이 여인을 돌로 처죽이는 문제에 대하여 예수님께 질문한 이유는 무엇이었는가?

답: 예수님을 고발할 조건을 얻고자

(2) 나는 나의 좁은 신앙관으로 남을 정죄한 적은 없는가?

답: (진지하게 돌아보자)

🌿 기도

사랑의 주님, 나의 좁은 편견으로 저런 사람은 구원받을 수 없다고 판단치 않게 하소서. 오히려 아직도 숨기고 있는 죄가 내게 있는가 돌아보게 하소서. 예수님 이름으로 기도합니다. 아멘.

🌿 중보기도

(1) 원치 않는 죄 가운데 있는 ***를 굽어 살피소서. 새로워지게 하옵소서.
(2) 우리 교회는 세상에서의 죄인들을 영접하는 겸손한 공동체가 되게 하소서.

▶ 만남의 준비

갈라디아서 5장 13-15절을 읽고 섬김의 참의미를 깊이 묵상해 봅시다.

PART 05

김병삼 목사 편

36. 왜 섬겨야 하나요?

성경 : 갈라디아서 5장 13-15 (외울 말씀 13절)
찬송 : 436장(493), 218장(369)
주제 : 은사를 활용한 섬김은 이 땅에서 하나님의 나라를 살아가
는 방식입니다.

'왜 섬겨야 하는가?'라는 질문은 단순히 역할 분담이나 교회 내 필요
를 묻는 물음이 아닙니다. 오히려 그리스도인의 존재 이유를 묻는 질
문입니다. 성경은 우리가 '자유를 위해' 부르심을 받았지만 그 자유
를 자기를 위해 쓰지 말고 '사랑으로 서로 종노릇하라'고 말합니다(갈
5:13). 이는 단순한 선택이 아니라 하나님의 명령이며, 신앙의 성숙함
을 보여주는 기준입니다. 이제 우리는 예배를 드리고 말씀을 듣는 데
서 멈추는 것이 아니라 받은 사랑을 실천으로 옮겨야 할 시점에 와 있
습니다. 섬김은 곧 하나님의 뜻에 참여하는 길이며, 교회를 세우고 세
상을 회복시키는 주님의 방식입니다.

1. 하나님께서 우리를 부르신 목적

하나님은 우리를 구원하셨을 뿐 아니라 구원 이후의 삶도 친히 인도
하십니다. 그리고 우리의 삶이 단지 '존재함'에 머물지 않고 '기꺼이 사
용되는 삶'으로 이어지기를 원하십니다. 에베소서 2장 10절은 우리가
'선한 일을 위하여 지으심을 받은 자'라고 말합니다. 이는 하나님께서

우리를 구원하신 데에는 분명한 목적이 있음을 알려줍니다. 섬김은 우리가 구원받은 자로서 이 땅을 살아가는 정체성과 사명을 드러내는 방식입니다.

섬김은 누군가를 도와주는 차원을 넘어 하나님의 사랑이 우리를 통해 흘러가는 과정입니다. 이 사랑은 무언가를 성취하거나 결과를 내기 위한 도구가 아니라 하나님의 성품 그 자체이며 우리가 닮아가야 할 방향입니다. 하나님은 우리 안에 그리스도의 형상을 이루기 원하십니다. 그러므로 섬김은 성장을 위한 훈련이며, 동시에 하나님께 드리는 예배입니다.

2. 복음의 열매이자 교회를 세우는 힘, 섬김

신약 공동체는 섬김으로 세워졌습니다. 또 초대교회는 성령의 능력과 섬김의 열매를 통해 확장되었습니다. 이처럼 하나님은 교회에 다양한 은사를 주셔서 몸 된 공동체를 서로 돕고 세우도록 하셨습니다. 섬김은 교회의 틀 안에만 머무르지 않습니다. 세상을 향한 우리의 영향력 또한 섬김을 통해 드러납니다. 예수님은 우리에게 세상의 빛과 소금이 되라고 말씀하셨습니다. 이 말씀은 단지 윤리적 삶을 살라는 의미가 아닙니다. 세상의 가치관과 반대되는 방식, 곧 낮아지고 손해 보며 섬기는 방식으로 하나님의 나라를 드러내라는 뜻입니다.

우리는 예배드릴 때만이 아니라 일상 속에서의 섬김을 통해서도 복음을 증언합니다. 가정 안에서, 직장 안에서, 공동체 안에서 우리는 하나님의 통치가 어떻게 실현되는지를 보여주는 통로의 역할을 가지고 살아갑니다. 그러므로 섬김은 곧 복음의 열매입니다. 따라서 복음을 향한 믿음은 곧 섬김으로 이어져야 합니다.

3. 자원으로 시작해 공동체에서 완성되는 섬김

하나님은 억지로 드리는 섬김을 기뻐하지 않으십니다. 성경은 '기쁨으로 자원하여 드리는 자'를 하나님께서 사랑하신다고 말합니다(고후 9:7). 섬김은 명령임과 동시에 자발적인 응답입니다. 하나님의 사랑을 경험한 자는 사랑하지 않고는 견딜 수 없듯, 은혜를 깊이 경험한 자는 섬기지 않고는 견딜 수 없습니다.

섬김은 혼자만의 헌신이 아니라 공동체 안에서 서로를 돌보는 행위로 구체화됩니다. 사역이란 거창한 프로그램이 아닙니다. 누군가를 향한 따뜻한 말 한마디, 필요한 순간 손을 내미는 행동, 꾸준히 함께 걷는 동행이 모두 섬김입니다. 그리고 이 섬김을 통해 공동체는 건강하게 세워지고, 각자가 받은 은사가 선순환처럼 흘러가게 됩니다.

섬김은 사람을 바꾸는 일이 아닙니다. 섬김은 나 자신을 변화시킵니다. 이전에는 '나의 유익'을 중심에 두었다면, 섬김을 통해 '하나님의 뜻'이 내 삶의 중심으로 들어오게 됩니다. 결국 섬김은 우리가 하나님 나라를 살아가는 방식이며, 그 나라를 이 땅에서 경험하게 하는 통로입니다.

▶ 학습 문제

(1) 왜 섬기는 삶을 살아야 합니까?

답: 섬김은 우리가 구원 받은 자로서 이 땅을 살아가는 정체성과 사명을 드러내는 방식이기 때문입니다. 섬김은 그리스도인의 성장을 향한 훈련이자 동시에 하나님께 드리는 예배입니다.

(2) 하나님이 기뻐하시는 섬김은 무엇입니까?

답: 하나님은 '기쁨으로 자원하여 드리는 자'를 사랑하십니다. 하나님의 사랑을 경험한다면 사랑을 흘려보내지 않고는 견딜 수 없듯이, 은혜를 깊이 경험한다면 섬기지 않고는 견딜 수 없게 됩니다.

기도

사랑의 하나님, 우리를 구원하시고 그 이후의 삶도 친히 인도해 주심에 감사드립니다. 언제나 구원의 은혜와 감격을 잊지 않으며 삶으로 복음을 증거하는 데 앞장서는 그리스도인 되게 하시옵소서. 허락해주신 일상을 소중히 여기며 주어진 은사를 활용해 기꺼이 섬김으로 특별한 때, 특정한 장소가 아니라 주어진 그 자리에서 복음을 살아낼 수 있게 인도하여 주시옵소서. 예수님의 이름으로 기도드립니다. 아멘.

중보기도

(1) 하나님이 우리를 부르시고 구원하신 목적을 잊지 않는 삶을 살게 인도해 주시옵소서.

(2) 주신 은사로 주님의 몸된 교회를 세우는 데 주저함이 없는 인생 되게 하여 주시옵소서.

▶ 만남의 준비

골로새서 1장 24-29절을 읽으며 교회의 일꾼 되는 일에 대해 생각해 봅시다.

37. 누가 섬겨야 하나요?

성경 : 골로새서 1장 24-29 (외울 말씀 25절)
찬송 : 215장(354), 323장(355)
주제 : 섬김은 어떤 특정한 사람의 역할이 아니라 주님의 손에 붙들린 '내'가 순종으로 보여야 할 그리스도인의 정체성입니다.

'누가 섬겨야 하는가?'라는 질문은 단순히 재능이나 직분의 유무를 묻는 것이 아닙니다. 이는 내가 누구인지, 그리고 하나님께서 나를 어떻게 부르셨는지를 되묻는 질문입니다. 바울은 "내가 교회의 일꾼 된 것은 하나님이 너희를 위하여 내게 주신 직분을 따라 하나님의 말씀을 이루려 함이라"(골 1:25)고 고백합니다. 섬김은 선택받은 몇 사람의 특권이 아니라 모든 그리스도인이 마땅히 살아가야 할 정체성입니다. 그러므로 이 질문 앞에서 우리는 다시금 우리의 정체성을 확인하고 오늘 나의 자리가 주님의 부르심에 응답하는 자리인지 돌아보아야 할 때입니다.

1. 정체성을 아는 사람이 섬깁니다.

바울은 스스로를 "하나님의 일꾼"이라 소개합니다. 이는 자랑이 아니라 고백입니다. 자격이 있어서가 아니라 "하나님이 주신 직분을 따라" 섬긴다는 말은 자기가 누구이며 무엇을 위해 살아야 하는지를 아는 사람만이 하나님 나라를 위해 움직인다는 뜻을 담고 있습니다.

하나님은 우리를 유일한 작품으로 지으셨습니다. 시편 139편에서 다윗은 "나의 내장을 지으시며… 나를 지으신 주님"을 찬양합니다. 우리는 상품이 아니라 작품입니다. 상품은 쓰임이 끝나면 버려지지만, 작품은 시간이 지나며 더욱 귀해집니다.

내가 하나님의 작품이라는 인식은 곧 나의 존귀함에 대한 자각으로 이어지고, 이는 결국 '하나님께 쓰임 받고자 하는 열망'으로 이어집니다. 하나님의 나라를 본 사람은 더 이상 세상의 기준으로 자신의 삶을 재지 않습니다. 그는 자신이 하나님의 일꾼임을 알고, 주님의 나라를 위해 오늘을 살아갑니다.

2. 사명에 눈뜬 사람이 섬깁니다.

섬김은 단지 누군가 시켜서 하는 일이 아닙니다. 그것은 하나님께서 나를 통해 이루고자 하시는 목적을 깨달은 사람, 즉 사명에 눈뜬 사람이 자발적으로 선택하는 삶입니다. 사명자는 일의 크기나 보람의 여부보다 하나님의 뜻을 따르는 것을 더 중요하게 여깁니다.

바울이 복음을 전하는 일에 생명을 걸었던 이유는 그것이 하나님께 받은 사명임을 분명히 알았기 때문입니다. 그는 자신이 맡은 일이 얼마나 힘든지보다 그것이 하나님께 속한 일인지 아닌지를 먼저 따졌습니다.

하나님은 사명 앞에 서 있는 자에게 단순한 봉사가 아닌, 삶 전체를 들여 함께 이루어 가는 동역을 요청하십니다. 그 부르심에 응답한 이들이야말로 진정으로 섬길 수 있습니다.

3. 순종하는 사람이 섬깁니다.

사명자는 순종하는 사람입니다. 순종은 하나님의 부르심에 응답하는 것이며, 하나님의 뜻을 자신의 뜻보다 우선에 두는 결단입니다. 사도 바울은 "하나님의 말씀을 이루려 한다"고 고백합니다. 이는 자기 뜻을 내려놓고 하나님의 계획을 드러내기 위한 삶입니다.

순종은 내 뜻이 관철될 때까지 버티는 것이 아니라, 하나님의 말씀에 귀 기울이고 따라가는 것입니다. 때로는 내가 원하는 방향이 아니라 하더라도, 그것이 하나님의 뜻이라면 기꺼이 따르는 것이 참된 섬김입니다.

순종의 삶은 결국 하나님의 영광을 드러냅니다. 사도 바울이 자신을 드러내기 위해서가 아니라 하나님의 비밀한 계획을 따라 섬겼던 것처럼, 우리의 섬김도 결국은 누군가를 높이고 하나님의 뜻을 이루는 도구가 되어야 합니다.

▶ 학습 문제

(1) 바울은 어떻게 복음을 전하는 일에 생명을 걸 수 있었습니까?

답: 그 일이 하나님께 받은 사명임을 분명히 알았기 때문입니다. 이처럼 하나님이 내게 주신 자리가 어떤 의미인지 또 내가 어떤 일을 감당하기를 원하시는지를 분명히 안다면 섬김은 부담이 아니라 기쁨이 됩니다.

(2) 순종하는 삶은 어떤 삶입니까?

답: 순종은 하나님의 부르심에 응답하는 것이자 하나님의 뜻을 자신의 뜻보다 우선시하는 일입니다. 내가 원하는 방향이 아니라 하더라도 하나님의 뜻이라면 따르는 것이 순종입니다. 이런 순종은 결국 하나님의 영광을 드러내게 됩니다.

✤ 기도

하나님, 우리를 상품이 아닌 유일한 작품으로 빚어주심에 감사드립니다. 하나님께서 귀히 지어주신 우리의 삶을 세상의 기준으로 재지 않으며 하나님의 나라를 위해 하루하루를 살아가게 인도하여 주시옵소서. 하나님께서 허락하신 자리의 의미를 늘 되새기게 하시고 사명 앞에서 함께하자 부르시는 음성에 기쁨으로 응답하고 순종하는 우리 되게 하여 주시옵소서. 예수님의 이름으로 기도드립니다. 아멘.

🕊 중보기도

(1) 하나님의 부르심에 기쁨으로 응답하며 하나님의 뜻을 나의 뜻보다 우선시하게 하시옵소서.

(2) 타인을 높이고 하나님의 뜻을 이루어가는 데 앞장서는 그리스도인 되게 인도하여 주시옵소서.

▶ 만남의 준비

로마서 12장 3-8절을 읽으며 이웃과 교회를 섬기는 방법에 대해 생각해 봅시다.

38. 무엇으로 섬겨야 하나요?

성경 : 로마서 12장 3-8 (외울 말씀 5절)
찬송 : 368장(486), 449장(377)
주제 : 하나님께서는 우리 모두에게 각각의 분량과 은사를 주셨습니다. 그리스도인인 우리는 이제 주신 은사를 가지고 하나님의 나라를 이 땅에 드러내야 합니다.

'무엇을 해야 할까?'라는 질문은 단순히 역할을 정하거나 일거리를 분담하기 위한 물음이 아닙니다. 이 질문은 우리가 하나님의 부르심에 응답하며 살아가는 방법, 즉 '신앙의 실천'에 대한 고민을 담고 있습니다. 바울은 로마서 12장에서 우리에게 주어진 은사를 따라 섬기라고 권면합니다. 이는 단순한 자원 활동이 아니라 하나님의 은혜에 대한 응답이며 교회 공동체를 세우는 방식입니다. 기억하십시오. 우리는 '하나님의 사람'으로 부름 받은 자들입니다.

1. 각자에게 주신 분량과 은사

로마서 12장 3절은 이렇게 말합니다. "각 사람에게 나누어주신 믿음의 분량대로 지혜롭게 생각하라." 이 말씀은 모든 성도가 동일한 일을 감당해야 한다는 뜻이 아니라 각자에게 주어진 분량과 은사를 겸손히 인정하며 시작하라는 의미입니다.

많은 성도가 섬김에 대한 부르심 앞에서 주저합니다. "나는 할 수 있는 게 없어요." "교회에서 일하다가 상처만 받았어요." 이런 말들 속에는 자신의 은사를 모르거나 다른 사람과 비교하며 낙심한 경험이 숨어 있습니다. 그러나 성경은 우리에게 자신이 감당할 수 있는 만큼, 은혜 받은 만큼만 감당하면 된다고 말합니다.

예수님의 제자 도마는 의심이 많았고, 베드로는 충동적이었으며, 야고보와 요한은 자리다툼을 했습니다. 그러나 예수님은 그들을 사용하셨습니다. 그들의 자격 때문이 아니라 하나님의 뜻 때문입니다. 이처럼 하나님은 우리의 단점보다 가능성을 먼저 보십니다. 그것이 은사입니다.

2. 은사를 통해 공동체와 함께 자라나라

바울은 우리를 '한 몸의 지체'라고 설명합니다. 손과 발, 눈과 귀가 각자의 역할을 감당하듯이 우리도 제각기 다른 은사를 따라 섬기며 공동체를 세워갑니다. 중요한 것은 '혼자'가 아니라 '함께' 한다는 점입니다.

누군가는 잘 가르치고 누군가는 위로를 잘하며 누군가는 부지런히 섬기는 은사가 있습니다. 동일한 사건 앞에서도 사람마다 반응은 다릅니다. 교회는 예배 공동체임과 동시에 섬김의 공동체입니다. 예배에서 받은 은혜가 사역과 섬김으로 이어질 때 우리는 살아있는 몸으로 자라 갑니다. 각자가 할 수 있는 역할을 찾고 감당하는 것이 곧 '하나님의 나라'를 이 땅에 드러내는 일입니다.

3. 내 삶의 아픔과 불만족에서 찾는 사명

하나님께서 우리를 부르시는 방식은 때때로 우리의 '불만족'이나 '아픔'을 통해서입니다. 모세가 애굽 사람에게 맞는 히브리인을 보고 참지 못했던 것처럼, 나의 분노와 불편함이 곧 하나님께서 주시는 사명의 씨앗이 될 수 있습니다.

우리는 외면 받은 경험, 상처받은 기억, 실패했던 순간이 있습니다. 하나님은 그 약점을 고쳐 '간증'이 되게 하십니다.

베드로도 예수님을 세 번 부인한 과거가 있었지만, 오히려 그 일을 먼저 고백하며 복음을 전했습니다. 연약함을 통해 수천 명이 회개하는 역사가 일어났습니다. 하나님은 우리의 가장 약한 부분을 통해 가장 강하게 일하시는 분이십니다.

하나님은 우리에게 은사를 주시고, 그 은사를 사용할 때 필요한 자원과 동역자를 붙여주십니다. "Just do it." 지금, 나에게 주신 것에서 시작하십시오. 내 옆에 있는 사람을 돌아보고, 내 안의 거룩한 부담을 외면하지 마십시오. 그것이 하나님께서 우리에게 맡기신 일입니다.

▶ **학습 문제**

(1) 한 몸의 지체인 성도들은 어떻게 공동체를 세워갑니까?

  답: 혼자가 아니라 함께 세워갑니다. 각기 성향과 역할이 다르지만 손과 발, 눈과 귀가 각자의 역할을 감당하듯 서로 다른 은사를 활용해 함께 하나님의 나라를 이 땅에 드러냅니다.

(2) 나의 불만족이나 아픔이 어떻게 사명이 될 수 있습니까?

  답: 나를 괴롭게 한 일이 다른 사람에게 반복되지 않게 하는 것이 사명이 될 수 있습니다. 하나님은 우리의 약점을 고쳐 간증이 되게 하십니다.

❋ **기도**

하나님, 우리에게 은사를 허락해 주시고 우리의 단점보다 가능성을 먼저 보아

주심에 감사드립니다. 주신 은사를 분별하고 개발하여 허락하신 역할을 통해 하나님의 나라를 이 땅에 드러내는 데 전심을 다하는 그리스도인 되게 하여 주시옵소서. 우리는 부족하나 우리의 약함을 간증되게 하실 신실하신 하나님을 신뢰합니다. 어제나 내일이 아니라 바로 오늘, 주어진 사명을 향해 전진해 나가는 우리 되게 하시옵소서. 예수님의 이름으로 기도드립니다. 아멘.

중보기도

(1) 예배에서 받은 은혜가 일회성 은혜로 끝나지 아니하고 사역과 섬김으로 이어지게 인도하여 주시옵소서.

(2) 나에게 주신 은사와 동역자에게 주신 은사를 분별하게 하여 주옵시고 우리가 속한 공동체가 합력하여 하나님의 나라를 이루어가는 신실한 공동체 되게 하시옵소서.

▶ 만남의 준비

베드로전서 4장 7-11절을 읽으며 세상 속 선한 청지기의 삶에 대해 생각해 봅시다.

39. 어떻게 섬겨야 하나요?

성경 : 베드로전서 4장 7-11 (외울 말씀 11절)
찬송 : 436장(493), 595장(372)
주제 : 섬김은 단순히 무엇을 해내는 일이 아닙니다. 하나님이 기뻐하시고 원하시는 섬김에는 그리스도의 제자다운 모습과 성숙한 자세가 필요합니다.

섬김은 단지 무언가를 '하는 것' 이상입니다. 하나님을 예배하고 그분의 말씀을 배우는 우리의 열매는 섬김으로 나타나야 합니다. 섬김은 하나님의 성품을 닮아가는 방식이며, 주님의 몸된 교회를 세우는 삶의 태도입니다. 그렇다면 우리는 어떻게 섬겨야 할까요? 섬김은 단지 특정한 일을 해내는 게 아닙니다. 섬김은 '어떻게' 하느냐가 매우 중요합니다. 하나님의 뜻에 합당한 섬김을 위해서는 말씀에 기초한 방향과 태도가 필요합니다.

1. 말씀을 따라하는 섬김

섬김은 선한 의도만으로는 충분하지 않습니다. 하나님이 기뻐하시는 방식으로 이루어져야 진정한 섬김이 됩니다. 로마서 12장 1-2절은 "하나님의 뜻이 무엇인지 분별하도록 하라"고 말합니다. 즉 우리는 어떤 일에 앞서 '무엇을 할까'보다 먼저 '하나님의 뜻에 합한 일인가'를 물어야 합니다. 열정 역시 중요하지만 방향이 잘못되면 오히려 하나님의 일을 방해할 수도 있습니다.

사무엘상 15장에서 사울 왕은 하나님의 명령에 부분적으로 순종하며 자신이 더 나은 방법이라 생각한 행동을 합니다. 하나님은 이를 불순종이라 판단하셨습니다. 이처럼 하나님의 뜻에 어긋난 섬김은 결국 자의적인 판단에 불과하며 진정한 순종이 아닙니다.

섬김은 말씀에 비추어 끊임없이 검토되어야 합니다. 말씀은 우리가 걸어가야 할 섬김의 길을 비추는 등불과도 같습니다. 우리가 하는 모든 사역과 봉사가 과연 성경적인가를 점검하며 그 기준 안에서 헌신할 때 비로소 하나님이 받으시는 섬김이 됩니다.

2. 성숙한 태도로 섬김

섬김의 방식에는 태도가 깊이 반영됩니다. 바울은 고린도전서 13장에서 사랑이 없으면 아무것도 아니라 말합니다. 섬김의 내밀한 동기가 자기 과시나 인정받으려는 마음이라면 그것은 성경적 섬김이 아닙니다.

예수님은 제자들의 발을 씻기며 "내가 너희에게 한 것 같이 너희도 서로 발을 씻어 주라"고 하셨습니다. 가장 낮은 자리에서 기꺼이 자신을 내어주는 태도가 곧 섬김의 본질입니다. 섬김은 상대의 반응이나 상황에 따라 달라지지 않는 자기희생적 태도를 요구합니다.

또한 성숙한 태도는 관계 안에서 갈등을 줄이고 공동체를 세워가는 힘이 됩니다. 불평이나 비교, 시기심은 섬김을 망가뜨리는 독소입니다. 섬김은 상대를 높이고 자신은 낮추는 일입니다. 성숙한 섬김은 자기중심적인 태도를 벗고, 끝까지 상대를 품으려는 자세에서 시작됩니다. 언제나 말씀과 기도에 힘쓰고, 말씀에 비추어 자신을 조정할 수 있는 유연함이 우리를 성숙한 태도로 이끕니다.

3. 교회를 세우는 섬김

모든 섬김은 결국 교회를 세우는 방향을 지향해야 합니다. 섬김은 개인의 만족이나 공로를 쌓기 위한 수단이 아니라 공동체를 위한 헌신입니다. 교회는 서로 다른 은사를 가진 사람들이 모여 하나의 몸을 이루는 공동체입니다. 따라서 섬김은 상호 보완과 연합을 전제로 해야 합니다. 어떤 역할은 눈에 띄고 어떤 역할은 그렇지 않지만 모든 섬김은 하나님의 목적 안에서 동일하게 중요합니다.

또한 교회를 세우는 섬김은 지속성을 필요로 합니다. 감정이나 상황에 따라 일관성을 잃는다면 공동체는 흔들릴 수밖에 없습니다. 힘들고 지칠지라도, 하나님을 바라보며 끝까지 맡은 바를 감당하는 것이 교회를 지키는 일입니다. 섬김은 교회를 위한 사랑의 실천이며 이 세상을 살리는 가장 강력한 도구입니다.

▶ 학습 문제

(1) 섬김에 앞서 우리가 하나님께 물어야 하는 질문은 무엇입니까?

답: 우리는 우리가 하려는 섬김이 하나님의 뜻에 합한 일인가를 물어야 합니다. 열정은 중요하나 방향이 어긋난다면 오히려 하나님의 일을 방해하게 되는 비극적 결과를 초래할 수도 있습니다.

(2) 섬김에 왜 성숙한 태도가 중요합니까?

답: 성숙한 태도는 갈등을 줄이고 공동체를 세워가는 힘이 됩니다. 타인을 높임과 동시에 자신을 낮추고, 말씀과 기도에 힘쓰며 말씀에 비추어 스스로를 조정하는 유연함을 가질 때 우리는 성숙한 태도를 갖게 됩니다.

✤ 기도

우리를 섬김의 자리로 초청해 주신 하나님, 하나님의 일을 방해하는 사람이 아닌 하나님을 기쁘게 해 드리는 자녀 되고 싶습니다. 허락해주신 말씀에 스스로의 행위를 비추어 볼 때, 우리 발걸음을 분별해낼 수 있는 지혜를 허락해 주시옵소서. 나의 만족이나 유익이 아닌 주님의 몸된 교회를 세워나가는 신실한 일꾼 되게 하시옵소서. 예수님의 이름으로 기도드립니다. 아멘.

🕊 중보기도

(1) 오로지 말씀에 스스로의 행위를 비추어가며 하나님이 기뻐하시는 섬김을 분별하는 우리 되게 하시옵소서.

(2) 스스로의 만족이나 유익이 아니라 하나님의 교회를 세워가는 섬김에 기쁨으로 앞장서게 하시옵소서.

▶ 만남의 준비

시편 121편 1-8절을 읽으며 하나님께서 이미 내게 주신 것에 대해 생각해 봅시다.

40. 이미 모든 것을 주셨음에 감사

성경 : 시편 121편 1-8 (외울 말씀 8절)
찬송 : 79장(40), 406장(464)
주제 : 하나님은 영원부터 지금까지 우리를 지키시고 도우십니다.
이미 우리의 모든 것을 허락하신 하나님을 향한 감사는 받은 이의
마땅한 반응이자 신앙의 시작점입니다.

시편 121편의 시인은 고된 순례길 위에서 자신의 시선을 들어 하나님을 바라봅니다. "나의 도움이 어디서 올까?"라는 질문은 누군가의 도움을 바라고 기대하는 말이 아니라 이미 도움을 주고 계신 분을 되새기는 신앙의 고백입니다. 시인은 '천지를 지으신 여호와'께서 자기의 도움이시며 자신을 지키시는 분이라 선언합니다. 하나님의 돌보심은 낮과 밤을 가리지 않으며 지금부터 영원까지 이어집니다. 우리가 감사해야 하는 이유는 우리의 삶이 단지 우연이나 노력의 결과가 아니라 하나님의 지키심과 도우심 가운데 있음을 믿기 때문입니다. 이미 모든 것을 주신 하나님 앞에서 감사는 마땅한 반응이자 신앙의 시작입니다.

1. 모든 것이 하나님의 은혜임을 기억하는 삶

시편 121편은 인생의 여정을 걸어가는 자들에게 위로와 확신을 주는 말씀입니다. 특히 '출입을 지키시는 하나님'이라는 표현은 우리의

일상 속에 하나님이 얼마나 세밀하게 함께하고 계신지를 보여줍니다. 감사는 이 은혜의 기억에서 비롯됩니다. 하나님께서 주신 것들을 당연하게 여기지 않고 그분의 손길을 인식하는 것이 곧 감사의 시작입니다.

성경은 '하나님을 알되, 하나님을 영화롭게도 아니하며 감사하지도 아니하고'(롬 1:21) 살아간 자들을 책망합니다. 하나님이 베푸신 은혜를 잊고 교만에 빠졌던 인간의 타락은 감사하지 않음에서 시작되었습니다.

우리는 에덴동산에서 받은 선물에 대해 인간이 감사했다는 표현을 발견하지 못합니다. 당연함은 감사의 반대편에 서 있습니다. 감사는 받은 것을 선물로 인식하고, 그 선물을 주신 분을 기억하는 데서 시작됩니다.

2. 나의 삶을 지키시는 하나님을 신뢰하는 감사

시편 121편에서 가장 눈에 띄는 표현 중 하나는 "여호와께서 너를 지키신다"는 구절의 반복입니다. 이는 단순한 위로의 문장이 아니라 감사의 근거입니다. 감사는 상황이 좋을 때에만 드리는 반응이 아닙니다. 오히려 위험과 고난의 시기에 하나님이 여전히 지키고 계신다는 믿음 위에 세워진 감사가 진정한 감사입니다. "낮의 해가 너를 상하게 하지 아니하며, 밤의 달도 너를 해치지 아니하리로다"라는 말씀은 모든 시간과 환경 속에서 하나님이 우리를 지키고 계심을 깨닫게 합니다.

감사는 '느낌'이 아니라 '신뢰'에서 비롯됩니다. 하나님께서 나의 삶을 지키신다는 사실을 인정할 때 우리는 불만보다 감사가 먼저 나오는 사람이 됩니다.

3. 일상을 경축하게 하는 감사의 능력

시편 121편의 마지막 구절은 "여호와께서 너의 출입을 지금부터 영원까지 지키시리로다"입니다. 출입은 곧 일상입니다. 집을 나서고 돌아오는 평범한 날들 속에 하나님의 은혜가 흐르고 있다는 고백입니다. 감사는 위기 속에서만 필요한 것이 아니라, 평범한 하루 속에서도 새롭게 발견되어야 합니다. 감사는 현실을 바꾸지는 않지만, 현실을 바라보는 시선을 바꿔줍니다.

어쩌면 시편 121편은 '감사로 삶을 재해석하라'는 초대일지도 모르겠습니다. 나의 도움은 어디에서 오는가를 묻는 순간, 우리는 이미 하나님을 향해 눈을 든 것입니다. 그리고 그 시선을 통해 우리는 지금 있는 자리에서 지금 받은 것들로 감사할 수 있습니다. 삶은 결코 완벽하지 않지만 하나님이 함께 계시다는 사실만으로 충분히 감사할 이유가 됩니다. 이 은혜를 기억하며 살아가는 삶, 그것이 바로 '모든 것을 주셨음'을 아는 자의 삶입니다.

▶ **학습 문제**

(1) 감사의 반대편에 있는 감정은 무엇입니까?

　답: 당연함입니다. 인간의 타락은 하나님이 베푸신 은혜를 잊고 교만에 빠져버린 데서부터 기인했습니다.

(2) 감사는 우리의 무엇을 바꾸어 줍니까?

　답: 감사는 현실을 바꾸지는 않지만 현실을 바라보는 시선을 바꿉니다. 눈을 들어 하나님을 바라볼 때 우리는 완벽하지 않은 우리 삶에 하나님이 함께하고 계시다는 사실에 감사할 수 있습니다.

🌿 기도

하나님, 하나님께서 이미 행하신 일과 이미 주신 것들에 감격하고 감사하게 하시옵소서. 우리가 쥐고 누리는 것들이 모두 하나님께로부터 왔음을 시인하며 당연함으로 무뎌지지 않는 감사의 신앙을 회복하게 하여 주시옵소서. 나를 지키시는 하나님을 향한 굳건한 신뢰를 다지며 평범한 일상 속에서도 감사를 찾아내는 우리 되게 인도하시옵소서. 예수님의 이름으로 기도드립니다. 아멘.

🌿 중보기도

⑴ 하나님께서 허락하신 것들을 당연히 여기지 않고 이미 주신 것에 감사하게 하시옵소서.

⑵ 불완전한 삶일지라도 눈을 들어 하나님을 바라보며 하나님께서 여전히 나를 지키고 계심을 깨닫고 감사하게 하시옵소서.

▶ 만남의 준비

빌립보서 4장 6-7절을 읽으며 어떤 상황에서도 우리 마음을 지키시는 하나님의 평강을 생각해 봅시다.

41. 상황에 개의치 않는 감사

성경 : 빌립보서 4장 6-7 (외울 말씀 6절)
찬송 : 370장(455), 382장(432)
주제 : 오늘 우리의 상황이 어떻든 믿음의 눈으로 우리 삶을 바라
본다면 지금 이대로 충분하다 감사의 고백을 할 수 있습니다.

'감사'는 늘 상황과 맞물려 평가되는 경향이 있습니다. 일이 잘 풀리거나 형편이 넉넉할 때 감사는 자연스럽게 따라옵니다. 하지만 성경이 말하는 감사는 다릅니다. 바울은 감옥에 갇힌 채로 빌립보 교회에 편지를 보내며 "아무 것도 염려하지 말고 다만 모든 일에 감사함으로 구하라"고 말합니다. 그리고 그 결과로 '하나님의 평강'이 우리 마음을 지키실 것이라고 덧붙입니다. 이 말씀은 단순한 낙관이나 자기암시가 아닙니다. 하나님과의 관계에서 비롯되는 깊은 신뢰의 표현입니다. 바울은 부족한 것이 많은 현실에서도 하나님께서 주시는 평강으로 인해 "지금 이대로 충분하다"고 고백한 사람입니다. 오늘 우리가 마주한 상황이 어떻든 믿음의 눈으로 바라본다면 우리 역시 지금의 삶에서 충분함을 누릴 수 있습니다.

1. 염려와 불안을 딛고 이겨내는 감사

바울은 "아무 것도 염려하지 말라"고 단언합니다. 그러나 염려하지 않는 삶은 결코 자동으로 주어지지 않습니다. 바울 자신도 감옥이라

는 열악한 상황에 처해 있었고, 교회는 외부의 박해와 내부의 분열로 긴장감이 감돌고 있었습니다. 그런 가운데서도 염려하지 않으려면 '대신' 해야 할 것이 필요합니다. 그것이 바로 기도입니다.

기도는 단지 소망을 말하는 것이 아닙니다. 기도는 감사함으로 아뢰는 것입니다. 이 '감사'는 우리가 원하는 것이 이미 이루어졌기 때문이 아니라 하나님께서 듣고 계시다는 믿음에서 비롯됩니다. 내가 감당할 수 없는 상황일지라도 하나님께 맡기고 그분의 주권을 신뢰할 때 우리 마음에는 설명할 수 없는 평강이 깃듭니다.

감사함으로 드리는 기도는 우리의 마음을 지키고 생각을 보호하는 하나님의 통로가 됩니다. 그러므로 감사는 현실이 변했기 때문이 아니라 우리의 시선이 하나님께로 향했기에 가능한 태도입니다.

2. '지금' 깃든 충분함

우리는 '감사할 수 없는 상황'이란 말을 자주 합니다. 그러나 바울은 오히려 그런 상황에서 "내가 궁핍함으로 말하는 것이 아니니라"고 선언하며, "어떠한 형편에든지 나는 자족하기를 배웠노라"(빌 4:11)고 고백합니다.

자족은 외적인 조건의 결과가 아닙니다. '무엇이 있느냐'보다 '어떤 시선으로 보느냐'의 문제입니다. 바울은 풍족할 때나 궁핍할 때나 일관되게 하나님께 감사하며 살았습니다. 그의 삶은 조건에 따라 감사하거나 기뻐하는 것이 아니라, 하나님 안에 있는 존재 자체로부터 충분함을 누리는 삶이었습니다.

하나님께서 지금 이 순간에도 우리와 함께 계시며 우리의 마음을 지키신다는 사실을 신뢰할 때 우리는 현재를 감사로 채울 수 있습니다.

3. 감사, 믿음의 선택이자 훈련

감사는 감정이 아니라 결정입니다. '감사할 수 있을 때 감사하는 것'이 아니라, '감사함으로 바라보는 눈을 선택하는 것'입니다. 바울은 "모든 일에 감사하라"는 명령을 통해, 감사가 선택의 영역임을 분명히 했습니다.

하나님을 믿는 사람들은 훈련을 통해 감사를 배우게 됩니다. 처음에는 억지로라도 감사의 이유를 찾아야 할 수 있습니다. 하지만 시간이 지나면 감사가 삶의 습관이 되고, 점점 더 많은 곳에서 하나님의 손길을 발견하게 됩니다.

하나님께서 주시는 평강은 어떤 상황에서도 우리 마음을 지켜줍니다. 이 평강은 기도와 감사 속에서 경험되는 것이며, 지금 이 순간에도 우리에게 주어져 있습니다. 바울처럼 우리도 "지금 모든 것이 충분합니다"라고 고백할 수 있기를 바랍니다.

▶ **학습 문제**

(1) 우리의 현재를 감사로 채우는 방법은 무엇입니까?

답: 미래에 일어날 변화가 아니라 지금 이 순간 하나님의 은혜를 바라보는 것입니다. 하나님께서 지금 우리와 함께 계시며 우리의 마음을 지키고 계시다는 사실을 신뢰할 때 우리는 현재를 감사로 채워갈 수 있습니다.

(2) 어떤 상황에서도 우리 마음을 지키시는 하나님의 평강은 어떻게 경험할 수 있습니까?

답: 우리 마음을 지키시는 하나님의 평강은 기도와 감사 속에서 경험됩니다. 이 평강은 어떤 때에 얻는 것이 아니라 지금 이 순간에도 우리에게 주어져 있습니다. 그러니 우리는 지금 모든 것이 충분합니다.

☀ 기도

하나님, 우리 인생은 염려와 불안으로 가득합니다. 그러나 지금 이 순간, 염려와 불안 속에서도 주님이 주시는 충분함을 발견하고 감사하는 우리 되게 하시옵소서. 지금 부족한 내 인생을 미래에 채우실 하나님을 기대하는 것이 아니라, 이미 내 인생을 지키시는 하나님께 감사하며 내일도 함께하실 하나님을 기대하게 하시옵소서. 예수님의 이름으로 기도드립니다. 아멘.

☀ 중보기도

(1) 하나님의 주권을 신뢰하며 하나님이 주시는 평강을 누리게 하시옵소서.
(2) 이미 주어진 평강을 누리며 지금 모든 것이 충분하다 고백하게 하시옵소서.

▶ 만남의 준비

고린도전서 10장 29-30절을 읽으며 타인의 시선에 의존하지 않는 삶을 생각해 보십시오.

42. 비난과 비판을 이겨내는 감사

성경 : 고린도전서 10장 29-30 (외울 말씀 30절)
찬송 : 454장(508), 449장(377)
주제 : 감사는 타인의 평가에 일희일비하는 것이 아니라 하나님과의 관계 안에서 주어지는 자유의 고백입니다.

누군가의 말 한마디에 마음이 무너질 때가 있습니다. 어떤 말은 우리를 두렵게 하고 어떤 말은 우리를 위축시키며 심지어 마음속 감사마저 빼앗아갑니다. 바울은 고린도 교회를 향해 "내가 감사함으로 참여하면 어찌하여 감사하는 것에 대하여 비방을 받으리요?"라고 말합니다. 누군가의 시선이나 평가에 휘둘리는 삶은 우리의 자유를 속박할 뿐 아니라 하나님께 드리는 감사마저 흔들리게 만듭니다. 그러나 하나님 앞에 자신을 드리는 사람은 타인의 판단에 일희일비하지 않습니다. 감사는 평가를 넘어서 하나님과의 관계 안에서 주어지는 자유의 고백입니다.

1. 비난과 비판은 어디서 오는가

아담과 하와는 선악과를 먹은 후 벗은 것을 깨닫고 두려워 숨습니다. 하나님이 부르시자 아담은 부끄러워서 숨었다고 대답합니다. 수치심과 두려움은 죄의 결과로 우리 안에 들어왔고, 이후 인간은 자신을 방어하고 포장하는 데 익숙해졌습니다. 아담의 대답은 솔직했지만 하나님 앞에서 죄를 회개하고 책임지는 모습은 아니었습니다. 그는 자신의 행위를 정당화하려 했고 그는 심지어 하나님과 하와에게 책임을 전가하기도 했습니다.

이처럼 수치심과 두려움, 자기방어는 비난과 비판에 대한 왜곡된 반응을 만듭니다. 내가 죄인임을 알면서도 인정하지 않고 숨기려는 태도, 이를 공격당할까 두려워 끊임없이 자신을 포장하고 타인을 비난하는 행위, 이것이 비판과 비난의 악순환을 만들어냅니다. 바울이 말한 "남의 양심으로 판단 받는 자유"는 이런 왜곡된 구조 속에 있습니다.

2. 자의식에 함정에서 벗어나는 비결, 감사

감사는 단순한 감정 표현이 아닙니다. 그것은 나의 자의식을 넘어서게 하는 신앙의 고백입니다.

바울은 말합니다. "내가 감사함으로 참여하면..." 감사하는 태도는 나의 행위가 하나님 앞에 받아들여졌다는 확신에서 비롯됩니다. 하나님께서 받으신 것을 누가 비판할 수 있겠습니까? 하나님이 기뻐하시는 것을 누가 폄하할 수 있겠습니까? 그러니 감사하는 자는 자기 자신을 방어하거나 변명할 필요가 없습니다. 그는 자신의 자유와 행위를 하나님께 드리고 그 위에 평안을 얻습니다. 이와 같은 '감사의 위상'을 인식할 때, 우리는 비판을 여유 있게 받아들일 수 있습니다. 그것이 타인의 시선에 의존하지 않는 삶이며, 감사하는 자의 특권입니다.

3. 금지는 곧 축복이다

하나님은 에덴동산에서 모든 것을 허락하셨지만 단 하나, 선악과만은 금지하셨습니다. 이 금지는 축복의 반대가 아니라 축복의 일부였습니다. 하나님과의 올바른 관계를 유지하게 하는 울타리였던 것입니다. 그러나 인간은 그 울타리를 거슬렀고 결과적으로 수치심과 두려움 속에 갇혔습니다.

우리는 종종 하나님께서 주신 제한을 억압이라 여기지만, 사실 그 제한이야말로 우리를 자유하게 합니다.

바울은 말합니다. "내 자유가 남의 양심으로 말미암아 판단을 받으리요" 자유는 남의 평가에 의해 제한되지 않습니다. "내가 감사함으로 참여하면…" 이라는 말처럼 감사는 삶의 참여 방식이자 내 존재를 하나님의 은혜로 해석하는 고백입니다. 결국 감사는 부족한 나를 받아주신 하나님께 대한 신뢰입니다. 감사는 나를 자유하게 하는 일이자 나를 지키는 가장 강한 방패입니다.

▶ **학습 문제**

(1) 건강한 자의식의 특징은 무엇입니까?

답: 자신의 약점과 한계를 받아들이고도 평안할 수 있습니다. 때문에 건강한 자의식은 비난과 비판에 대한 왜곡된 반응을 거부하고 악순환을 끊어냅니다.

(2) 금지가 축복인 이유는 무엇입니까?

답: 하나님과의 올바른 관계를 유지하게 하는 울타리가 되어주기 때문입니다. 감사는 모든 것을 허용 받는 데서 오는 것이 아니라, 허용되지 않은 것에도 의미를 부여할 때 찾아옵니다.

🌿 **기도**

하나님, 때로는 하나님께서 존귀하게 창조해 주신 스스로의 위치를 잊고 타인의 비난과 비판에 휘둘려 자기방어에 급급할 때가 있습니다. 건강한 자의식을 회복하여 우리의 약점과 한계를 흔쾌히 인정하고, 그 속에서 감사를 찾아내는 우리 되게 하시옵소서. 우리 존재를 하나님의 은혜로 해석하게 하시옵고, 비난과 비판이라는 공격 앞에서도 감사라는 방패로 무장하게 하시옵소서. 예수님의 이름으로 기도드립니다. 아멘.

⚘ 중보기도

(1) 타인의 판단에 스스로를 비춰보지 않고 하나님과의 관계에서 자유를 찾게 하시옵소서.

(2) 하나님과의 관계를 위해 금지라는 울타리를 쳐 주심에 감사하며, 절제의 축복을 누리게 하시옵소서.

▶ 만남의 준비

데살로니가전서 5장 16-18절을 읽으며 어떤 순간에도 감사하는 삶에 대해 생각해 봅시다.

43. 다시 일어서는 감사

성경 : 데살로니가전서 5장 16-18 (외울 말씀 18절)
찬송 : 337장(363), 391장(446)
주제 : 하나님께서 주시는 은혜를 붙들고 감사를 고백할 때 우리는 삶의 무게를 이겨내고 다시 일어설 수 있습니다.

우리는 때로 삶의 무게에 눌려 주저앉고, 다시 일어설 용기를 잃곤 합니다. 실패, 상실, 상처는 다시 시작하고자 하는 마음마저 흔들리게 합니다. 그러나 믿음의 사람은 다른 방식으로 일어섭니다. 하나님께서 주시는 은혜를 붙들고, 감사의 고백으로 다시 삶을 일으킵니다. 감사는 단순한 감정의 표현이 아니라 우리의 시선을 하나님께 돌리는 신앙의 행위입니다. 오늘 본문은 우리에게 다시 일어서는 힘이 어디서 오는지를 보여줍니다. '항상 기뻐하라, 쉬지 말고 기도하라, 범사에 감사하라.' 하나님은 이 말씀을 권면이 아니라 명령으로 주셨습니다. 그것은 감사를 통해 우리가 다시 살아날 수 있기 때문입니다.

1. 과거의 굴레를 끊는 믿음의 표현, 감사

본문 18절은 "범사에 감사하라 이것이 그리스도 예수 안에서 너희를 향하신 하나님의 뜻이니라"고 말합니다. 여기서 '범사'는 좋은 일뿐 아니라 실패와 수치, 아픔이 포함된 삶 전체를 가리킵니다. 하나님은 우리가 과거에 묶인 채 살아가길 원치 않으십니다. 과거를 반복해서 되짚으며 후회에 머무는 것은 하나님의 뜻이 아닙니다.

하나님의 백성은 과거를 해석하는 방식이 세상과 다릅니다. 사람들은 과거의 상처와 실수에 머물러 정체되지만, 하나님은 실패조차도 그분의 선하신 뜻 안에서 새롭게 사용하십니다. 그래서 감사는 곧 하나님을 인정하는 행위입니다. 이스라엘 백성이 에벤에셀의 고백을 드릴 수 있었던 이유도 과거의 수치까지 하나님의 손길로 받아들였기 때문입니다. 과거를 바꾸지는 못하지만 과거를 해석하는 시선은 바꿀 수 있습니다. 이때 우리는 자유로워지고 다시 일어설 수 있습니다.

2. 현실을 회복의 장으로 만드는 감사

감사는 단지 기분 좋은 감정이 아닙니다. 오히려 감정과 상관없이 의지적으로 택하는 태도입니다. 본문 16절은 "항상 기뻐하라"고 명령합니다. 이 구절이 쓰일 당시 성도들은 핍박과 환란 속에 있었습니다. 그들에게 '항상 기뻐하라'는 명령은 감정의 조절을 넘어서 전혀 다른 삶의 방향 전환을 요구하는 것이었습니다. 기쁨과 감사는 언제나 하나님의 임재를 인식하는 데서 시작됩니다. 현실은 녹록치 않지만, 하나님이 나와 함께하신다는 믿음은 불평 대신 감사를 선택하게 합니다.

예수님은 제자들을 세상으로 파송하시며 환영을 받지 못하더라도 먼저 평안을 빌라고 말씀하셨습니다. 그것은 조건 없는 선포였고 결과를 기대하지 않는 감사의 태도였습니다. 우리 역시 이 세상 가운데서 감사의 말을 먼저 전할 수 있습니다. 감사하는 사람은 현실을 부정하지 않으면서도 그 속에서 하나님이 일하고 계심을 보기 시작합니다. 그래서 감사는 회복의 시작점이 됩니다. 하나님을 신뢰하는 이들은 절망보다 먼저 감사를 내놓습니다.

3. 하나님과의 관계를 바로 세우는 감사

감사의 가장 깊은 열매는 하나님과의 관계 회복입니다. 본문 17절은 "쉬지 말고 기도하라"고 말하는데 이는 하나님과의 지속적인 교제 안에 거하라는 초대입니다. 감사는 이 교제의 중심에 있습니다. 아담과 하와가 타락했을 때, 하나님이 먼저 그들을 찾아오셨습니다. 감사는 하나님이 여전히 우리를 붙드시고 부르신다는 신호에 응답하는 마음의 자세입니다. 타락은 하나님의 은혜를 당연하게 여긴 데서 시작되었고, 감사는 그 은혜를 다시 소중히 여기겠다는 회복의 표현입니다.

감사는 단순한 예절이나 습관이 아니라 마음의 방향을 하나님께로 돌리는 거룩한 움직임입니다. 우리가 하나님께 감사할 때, 하나님의 주권과 선하심을 인정하게 됩니다. 이는 곧 '하나님이 나의 주인이십니다'라는 고백과도 같습니다. 감사는 하나님 앞에서 자신을 낮추고, 하나님의 뜻을 다시 구하는 자리로 나아가게 합니다.

▶ 학습 문제

(1) 왜 '범사'에 감사해야 합니까?

　답: 범사는 좋은 일뿐 아니라 아프고 괴로운 삶 전체를 포함합니다. 하나님은 우리가 과거에 묶인 삶을 살기를 원치 않으십니다. 범사에 감사하는 삶은 지난 과거를 모두 감사의 시선으로 해석합니다. 이는 과거의 모든 일이 잘 되었다는 뜻이 아니라, 그 모든 과정 속에 하나님의 주권이 있었음을 고백하는 일입니다.

(2) 감사의 가장 깊은 열매는 무엇입니까?

　답: 하나님과의 관계 회복입니다. 하나님은 기도를 통해 하나님과의 지속적인 관계로 우리를 초대하십니다. 이 교제의 중심에 감사가 있습니다.

🌱 기도

하나님, 우리의 실패마저도 의롭고 선하게 사용하실 하나님을 신뢰합니다. 감정에 휘둘리는 것이 아니라 어떤 상황에서도 의지적으로 감사를 택하여 과거의 굴레를 끊어내는 우리 되게 하시옵소서. 지속적인 감사로 하나님과의 관계회복이라는 감사의 크고 단 열매를 얻게 하시옵소서. 예수님의 이름으로 기도드립니다. 아멘.

🌱 중보기도

(1) 과거에 묶인 삶이 아니라 감사로 과거의 굴레를 끊어내는 삶이 되게 인도하시옵소서.

(2) 감정에 매이지 않고 감사를 택하게 하여 주시옵소서.

▶ 만남의 준비

로마서 8장 28절을 읽으며 '합력하여 이루는 선'에 대해 생각해 봅시다.

44. 주어진 모든 상황에 감사

성경 : 로마서 8장 28 (외울 말씀 28절)

찬송 : 384장(434), 490장(542)

주제 : 감사는 좋은 습관이 아니라 신앙의 핵심이자 우리가 어떤 상황 속에서도 하나님과 연결되어 있음을 보여주는 삶의 표현입니다.

감사는 좋은 일이 있을 때 자연스럽게 터져 나오는 반응이라 생각되기 쉽습니다. 하지만 성경이 말하는 감사는 상황을 초월합니다. 하나님의 백성은 눈앞의 현실이 아니라 하나님의 뜻과 섭리를 따라 살아가기 때문입니다. 오늘 우리에게 주어진 현실은 때로 이해할 수 없는 고난과 혼란으로 가득하지만, 그 모든 순간에도 하나님은 일하시고 계십니다. 그러므로 우리는 어떤 상황 속에서도 하나님께 감사할 수 있습니다. 감사는 우리의 시선을 사건에서 하나님께로 돌리는 신앙의 반응이며, 모든 일을 합력하여 선을 이루시는 하나님을 신뢰한다는 고백입니다.

1. 감사를 가로막는 현실에서 시선을 돌리라

인생을 살다 보면 감사보다는 원망이 먼저 떠오르는 상황이 많습니다. 현실은 자주 우리의 기대를 벗어나며, 도무지 선을 기대할 수 없는 사건들이 반복됩니다.

요셉의 삶이 대표적인 예입니다. 형들의 미움, 노예 생활, 감옥살이 등 수많은 고난은 지속되는 불행처럼 보였지만, 시간이 지나 하나님은 그것들을 하나로 엮어 민족을 구원하는 섭리의 이야기로 만드셨습니다(창 50:20). 우리는 요셉의 이야기에서 '사건 중심'이 아니라 '과정 중심'으로 살아가는 시각을 배워야 합니다. 감사는 상황을 미화하는 것이 아니라, 하나님의 손길을 신뢰하기 때문에 가능한 것입니다.

2. 감사를 회복할 때 인생을 관통하는 믿음이 생긴다.

요셉 이야기에 사용된 단어 '바꾸사'의 히브리 원어는 단순한 전환이 아니라 '관통하다'는 뜻을 지닙니다. 하나님께서 고난이 없는 삶으로 바꿔주신다는 뜻이 아니라, 그 고난을 관통해 하나님이 일하신다는 의미입니다. 이것이야말로 감사의 본질입니다. 하나님이 모든 상황을 사용하셔서 그분의 선한 뜻을 이루신다는 확신. 이 확신은 감사로 이어지며 우리의 시선을 문제에서 하나님께로 옮기게 합니다.

바울은 감옥 안에서도 찬양하며 기도했습니다. 환경이 그를 제한했지만 그의 감사는 멈추지 않았습니다. 왜냐하면 그는 상황이 아니라 하나님을 바라보고 있었기 때문입니다. 감사는 감정이 아니라 태도입니다. 하나님의 뜻에 동의하는 믿음의 반응이자 하나님께서 하신 일에 '아멘'으로 화답하는 일입니다.

3. 신앙의 핵심, 감사

시편 136편은 이스라엘의 역사를 되짚으며 "그 인자하심이 영원함이로다"라는 고백을 반복합니다. 시인은 출애굽, 광야 생활, 가나안 정복 등 크고 작은 모든 사건 속에서 하나님의 인자하심을 기억하며 감사합니다. 여기서 중요한 점은 그들이 감사한 이유가 단지 상황이 좋아졌기 때문이 아니라, 하나님의 성품과 신실하심에 대한 확신 때문이었다는 것입니다. 감사는 받은 것에 대한 반응이기 전에 하나님이 누구신지를 바라보는 태도입니다.

바울은 감옥에 갇힌 상황 속에서도 하나님께 찬양과 감사를 올렸습니다. 그는 환경을 통해 감사하지 않았습니다. 오히려 상황을 넘어서 계신 하나님께 감사했습니다. 이것이 감사의 본질입니다. 환경이 아니라 하나님께 시선을 두는 삶, 그것이 신앙의 중심이며, 그 중심에 감사가 있습니다.

또한 감사는 염려로 가득한 우리의 마음을 평안으로 이끄는 하나님의 방식이기도 합니다. 하나님께 감사함으로 나아갈 때, 우리의 마음은 현실의 무게에서 벗어나 하나님의 평강 안에 거하게 됩니다. 감사는 단지 좋은 습관이 아니라 하나님을 신뢰한다는 신앙의 선언이며, 우리가 어떤 상황 속에서도 하나님께 연결되어 있음을 보여주는 삶의 표현입니다.

▶ 학습 문제

(1) 요셉의 이야기에서 우리가 배워야 할 시각은 무엇입니까?

답: 인생을 사건 중심이 아니라 과정 중심으로 바라보는 시각을 배워야 합니다. 하나님은 요셉의 인생 속 모든 고난들을 하나로 엮어 민족을 구원하는 섭리로 만드셨습니다. 감사는 상황을 미화할 때가 아니라 하나님의 손길을 신뢰할 때 가능합니다.

(2) 문제가 아닌 하나님을 바라보는 방법은 무엇입니까?

답: 하나님이 모든 상황을 사용하셔서 하나님의 선한 뜻을 이루신다는 확신을 갖는 것입니다. 이 확신은 감사로 우리를 이끌며 우리의 시선을 문제가 아닌 하나님께로 돌리게 만듭니다.

❋ 기도

하나님, 때로 고난과 혼란으로 가득해 보이는 인생 속에서도 하나님께서 일하고 계심을 믿습니다. 눈에 보이는 상황과 현실을 바라보지 않고 그 눈을 들어 상황 너머에 계신 하나님을 바라보며 결국 모든 일을 선하게 이루어 가실 하나님으로 인해 감사하게 하시옵소서. 습관적인 감사가 아니라 하나님을 향한 신뢰를 고백하는 의미의 감사로 우리를 이끄시옵소서. 예수님의 이름으로 기도드립니다. 아멘.

❋ 중보기도

⑴ 환경에 제약받지 않는 감사를 회복하게 하시옵소서.
⑵ 상황에 감사하는 것이 아니라 상황을 넘어 계신 하나님으로 인해 감사하게 하시옵소서.

▶ 만남의 준비

요한복음 14:16-20절을 읽으며 하나님이 내게 주신 선물에 대해 깊이 묵상해 봅시다.

PART 06

45. 하나님의 선물

성경 : 요한복음 14:16-20 (외울 말씀 16절)
찬송 : 182장(169), 185장(179)
주제 : 우리에게 선물로 주신 성령님으로 인해 감사하는 삶을 살아야 합니다.

혹시 여러분들이 받았던 선물 중에 소중히 여기는 것은 무엇인가요? 저에게는 지갑입니다. 소중한 사람이 준 선물이기에 소중하게 간직하고 있습니다. 선물은 누구로부터 받았는지가 그 가치를 결정됩니다.

요한은 우리가 하나님으로부터 받은 선물이 있음을 일깨웁니다. "하나님이 세상을 이처럼 사랑하사 독생자를 주셨으니…"(요 3:16). 하나님이 독생자 예수 그리스도를 선물로 주셨습니다. 그 선물은 너무 귀하기에 값을 지불하고 살 사람이 없습니다. 그래서 값없이, 차별 없이, 조건 없이 주셨습니다(롬 3:24).

1. 또 하나의 선물

그런데 오늘 본문은 또 하나의 선물을 일깨웁니다. "내가 아버지께 구하겠으니 그가 또 다른 보혜사를 너희에게 주사 영원토록 너희와 함께 있게 하리니"(요 14:16). 보혜사란 곁에서 돕는 분, 돕는 스승이라는 뜻입니다. 여기에 '다른 보혜사'는 성령이십니다(요 14:26). 이 성령은 베드로의 설교대로 '하나님이 주신 선물'(행 2:38)입니다. 우리가 받은 두 가지 선물은 독생자 주 예수, 그리고 보혜사 성령이십니다. 이 세상에 이보다 더 귀한 선물이 있을까요?

오순절에 드디어 그 성령이 임하셨습니다. 그런데 이 성령은 영원토록 우리와 함께 하신다고 했습니다(요 14:16). 그렇다면 그 성령님과 진정 나는 함께 하고 있습니까? 함께 하고 있음을 어떻게 증명할 수 있습니까? 바울은 그가 세웠던 에베소교회를 다시 방문합니다. 중요한 것 하나를 체크하려는 목적이었습니다. "너희가 믿을 때에 성령을 받았느냐"(행 19:2). 나도 과연 성령을 선물로 받았는지, 그래서 성령이 내주하시는지 답해야 합니다.

바울이 누구에게 이 질문을 했습니까? 첫째, 저들은 '믿는 사람'들이었습니다(행 19:2). 둘째, 저들은 '세례'를 받은 사람들이었습니다(행 19:3). 셋째, 저들은 '제자'들이었습니다(행 19:1). 그런데 이들이 뭐라고 대답합니까? "아니라 우리는 성령이 계심도 듣지 못하였노라"(행 19:2). 여기서 우리는 무엇을 확인할 수 있을까요? 첫째, 믿는다고 하지만 성령을 받지 못할 수도 있습니다. 그럼에도 불구하고 얼마든지 그럴듯한 신앙인으로 자신을 위장할 수 있습니다. 둘째, 믿음의 공동체라고 하지만 성령이 계시지 않을 수도 있습니다. 셋째, 예배를 드린다고 하지만 예배의 대상을 알지 못할 수도 있습니다. 성령이 있음도 듣지 못했다는 것은 예배의 대상을 모른 채 예배를 드리고 있었다는 뜻입니다.

2. 성령의 내주하심의 결과

여러분은 성령을 받았습니까? 어떻게 확인할 수 있을까요? "그러나 진리의 성령이 오시면 그가 너희를 모든 진리 가운데로 인도하시리니 그가 스스로 말하지 않고 오직 들은 것을 말하며 장래 일을 너희에게 알리시리라"(요 16:13). 확인하는 방법은 두 가지입니다.

첫째, 성령께서 우리를 진리 가운데로 인도하십니다. 예수 그리스도가 곧 진리이십니다(요 14:6). 그렇다면 진리 가운데로 인도하신다는 것은 무엇일까요? 우리를 말씀 가운데로 인도하신다는 뜻입니다. 성령께서는 말씀을 통해 하나님의 뜻을 분별하게 하시고, 하나님의 인도하심을 받게 하십니다. 또한 영적 눈을 밝히시며, 영적 변화를 일으키십니다(딤후 3:16, 히 4:12). 여러분은 어떤 변화가 있습니까(딤전 1:13)? 변화가 없다면, 내 안에 성령께서 내주하시는지 진지하게 물어보아야 합니다.

둘째, 성령은 장래 일까지 알려 주십니다. "그가 스스로 말하지 않고 오직 들은 것을 말하며 장래 일을 너희에게 알리시리라"(요 16:13). "우리가 세상의 영을 받지 아니하고 오직 하나님으로부터 온 영을 받았으니 이는 우리로 하여금 하나님께서 우리에게 은혜로 주신 것들을 알게 하려 하심이라"(고전 2:12).

사랑하는 여러분! 내가 가진 것 중 내 것이 있습니까? 무엇보다 하나님은 우리에게 독생자 예수 그리스도, 그리고 성령을 선물로 주셨습니다. 그 성령께서 우리를 진리로 인도하시고 말씀 가까이 인도하시고 장래 일을 우리에게 알려 주셨기에 우리가 이 자리에 이르게 되었습니다. 그런데 우리는 진정 감사하고 있습니까? 오늘 하루만이라도 삶으로 감사의 고백을 올려드리는 삶을 삽시다.

▶ **학습 문제**

(1) 우리에게 값 없이 주어진 선물 두 가지는 무엇입니까?

답: 독생자 예수 그리스도와 보혜사 성령님입니다.

(2) 그렇다면 성령께서 하시는 일 두 가지는 무엇입니까?

　답: 우리를 진리 가운데 인도하시며, 장래 일을 알려주십니다.

기도

하나님 아버지, 자격 없는 자에게 주신 예수 그리스도와 보혜사 성령으로 인해 늘 감격하며, 그 은혜에 감사하는 삶을 살게 하여 주옵소서. 예수님의 이름으로 기도드립니다. 아멘.

중보기도

(1) 우리 교회가 감사의 고백이 끊이지 않는 교회가 되게 하옵소서.

(2) 나의 삶이 감사로 풍성함을 누리는 인생이 되게 하옵소서.

▶ 만남의 준비

마태복음 10장 16절을 읽고, 뱀같이, 비둘기같이라는 주제를 묵상해 봅시다.

46. 뱀같이, 비둘기같이

성경 : 마태복음 10:16 (외울 말씀 16절)
찬송 : 370장(455), 292장(415)
주제 : 오늘을 살아가는 우리들은 뱀같이 지혜롭게, 비둘기같이 순결하게 살아야 합니다.

마태복음 10장은 예수님께서 제자들을 파송하시면서 주신 말씀입니다. 예수님이 어떤 분이십니까? 하늘과 땅의 권세를 가지신 분이십니다. 말씀 한마디로 천지를 창조하신 분이십니다. 그분은 무엇이든지 원하시는 바를 능히 이루실 수 있는 분이십니다. 그럼에도 연약하기 그지없는 제자들을 통해 하나님의 일을 이루어 가십니다. 우리를 통해 하나님 나라 확장과 교회의 부흥을 이루어 가시는 것, 바로 주님의 소원입니다. 그래서 주님은 우리를 세상으로 파송하십니다.

1. 예수님의 당부

예수님은 자기 제자들을 세상에 파송하시면서 몇 가지 중요한 당부를 하고 계십니다. 그 내용이 10장에 기록되어 있습니다. 그런데 이 10장 말씀은 우리가 이해하기가 좀 어려운 부분이 많습니다. 저는 이 본문이 예수님 당시의 제자들에게만 적용되는 말씀인 듯합니다. 특히 16절에서 23절까지의 말씀은 예수님의 십자가 사건 후 예루살렘이 멸망할 때까지의 상황에서 제자들이 가져야 할 자세를 말씀하신 것 같습니다. 그렇다고 해서 이 본문이 오늘을 살아가는 우리와 전혀 상관이 없는 말씀이라고 할 수 없습니다. 오히려 오늘을 살아가는 우리를 향한 예수님의 소중한 당부의 말씀입니다.

주님이 말씀하셨습니다. "내가 너희를 보냄이 양을 이리 가운데 보냄과 같도다"(마 10:16). 우리가 살아가는 세상이 결코 만만치 않음을 인식시켜 주십니다. 여기에 '이리'는 세상을 가리킵니다. 단순히 세상만을 가리키는 것이 아니라 세상에 속한 모든 것 즉, 사람, 제도, 환경, 그리고 사탄과 흑암의 권세까지 포함하고 있습니다. 그런데 이 이리 앞에 선 우리는 무엇이라고 비유하여 말씀하시는가요? 바로 양이라고 표현하고 있습니다. 양은 참으로 연약한 존재입니다. 양과 이리가 싸우면 양은 백전백패할 수밖에 없습니다. 그렇다면 주님이 여기에서 말씀하시려는 의도는 무엇일까요. '너희는 세상에서 질 수 밖에 없는 존재이다'라는 패배의식을 심어주려고 하시는 걸까요?

2. 뱀같이 지혜롭고 비둘기같이 순결하라

주님이 우리가 양이라고 말씀하셨을때 그 의도는 무엇일까요? 바로 주님이 우리의 목자 되심을 인식시켜 주고 계시는 것입니다. 우리는 혼자가 아닙니다. 목자 되신 주님이 함께하십니다. 비록 세상은 이리와 같고 나는 양처럼 나약한 존재이지만, 목자이신 주님을 의지하고, 주님과 함께 나아갈 때에 승리할 수 있다는 사실을 말씀하고 계시는 것입니다.

"말하는 이는 너희가 아니라 너희 속에서 말씀하시는 자 곧 너희 아버지의 성령이시니라"(마 10:20). 우리는 이 믿음 안에 바로 서야 합니다. 나 혼자 걸어가면 실패할 수 밖에 없습니다. 그러나 내가 주님의 양임을 인정하고 주님과 함께 나아가면 승리하는 기쁨을 맛보게 될 것입니다.

그러면서 주님이 당부하시는 내용이 있습니다. "너희는 뱀처럼 지혜롭고 비둘기같이 순결하라." 여기에 뱀은 지적인 통찰력이나 기민함의 상징으로 사용되었습니다. 뱀을 비유로 언급하신 것은 자기 주변의 환경에 대한 통찰력, 즉 사람과 물건의 상황분석과 민감한 상식, 합당한 때에 합당한 일을 행하며, 합당한 방법으로 합당한 위치에 처하게 하는 모든 지혜를 포함합니다. 그런데 주님은 또 말씀하시기를 '비둘기같이 순결한 사람이 되라' 고 말씀하십니다. 여기에 '순결하다' 라는 말은 '단순하다' 라는 뜻입니다. 종교개혁자 마틴 루터는 이 말을 아주 완벽하게 해석했습니다. 그는 말하기를 주님이 말씀하신 순결함이란, 결점이나 흠이 없는 삶, 즉 단순하고 올바른 삶을 의미한다는 것입니다.

특별히 주님은 제자들을 보내면서 사람들을 삼가라고 권면하셨습니다(마 10:17). 주님이 언급하신 사람들은, 당시 서기관들과 바리새인들을 가리키는 말씀이었습니다. 마태복음 10장 22절과 23절의 말씀이 위로가 됩니다. "또 너희가 내 이름으로 말미암아 모든 사람에게 미움을 받을 것이나 끝까지 견디는 자는 구원을 얻으리라"(마 10:22). "이 동네에서 너희를 박해하거든 저 동네로 피하라. 내가 진실로 너희에게 이르노니 이스라엘의 모든 동네를 다 다니지 못하여서 인자가 오리라"(마 10:23). 바로 이것이 우리의 소망이요, 하늘의 위로입니다.

▶ 학습 문제

(1) 주님이 우릴 파송하는 세상은 어떤 곳입니까?

답: 이리와 같은, 흑암의 권세가 있는 곳입니다.

(2) 예수님은 세상을 향해 가는 우리에게 어떤 자세를 취하라고 하십니까?

답: 뱀처럼 지혜롭고 비둘기처럼 순결하게 하라고 말씀하십니다.

❄ 기도

하나님 아버지, 이리와 같은 세상 속에서 목자되신 주님을 따라, 뱀처럼 지혜롭고 비둘기처럼 순결한 자세로 승리하는 삶 살게 하옵소서. 예수님의 이름으로 기도드립니다. 아멘.

❄ 중보기도

(1) 주님의 자녀들이 삶의 현장에서 승리하게 하여 주옵소서.
(2) 기후 위기 속에 청지기의 심정으로 자연을 잘 돌볼 수 있는 마음을 주옵소서.

▶ 만남의 준비

요한복음 6장 12~15절을 읽고, 하나님께서 내게 맡기신 것들을 헤아려 봅시다.

47. 그건 원래 네 것이 아니니라

성경 : 요한복음 6:12-15 (외울 말씀 12절)
찬송 : 200장(235), 435장(492)
주제 : 내게 주어진 것들이 본래 주님에게 속한 것임을 고백하며
겸손하게 살아야 합니다.

매년 연말이면 곳곳에서 보도블록을 교체하고, 이곳저곳에서 공사한답시고 난리도 아닙니다. 이유를 들어보면, 예산이 남아서 그렇답니다. 금년도에 집행하지 않으면, 내년에 예산이 깎인다고 서둘러 남은 예산을 쓰는 것입니다. 그 남은 예산이 올해가 지나가면 내 것이 아니게 되버리는 것입니다. 내게 주어진 것이 다 나의 것입니까? 본래 주인은 누구일까요?

1. 벳세다에 나타난 만나 정신

벳새다 들녘에 기적이 나타났습니다. 예수께서 물고기 두 마리와 보리떡 다섯 개로 오천 명을 먹이셨습니다. 그 때 주님이 말씀하십니다. "남은 조각을 거두고 버리는 것이 없게 하라"(요 6:12) 주님이 언제 이 말씀을 하셨나요? 저들이 먹고 남은 음식들을 여기저기 던져 버리는 것이 아닌가요. 바로 그때 주님께서 남은 조각을 버리지 말라 하신 겁니다. 이 말씀의 뜻을 보다 정확히 이해하기 위해서는 출애굽 당시의 '만나'를 살펴보아야 합니다. 왜냐하면 주님께서 이 사건과 만나 사건

을 연결시키고 계시기 때문입니다(요 6:49-50). 출애굽 당시에 어떤 일이 있었습니까? 홍해를 건너 광야에 들어선 백성들은 당장 목마름과 배고픔에 직면했었습니다. 바로 그때 하나님은 만나를 주시면서 다음과 같이 되기를 원하셨습니다. "많이 거둔 자도 남음이 없고 적게 거둔 자도 부족함이 없이 각 사람은 먹을 만큼만 거두었더라"(출 16:18). 이것이 만나 정신입니다.

예수께서 벳새다 현장에서 이 만나 정신을 다시 한번 강조하신 겁니다. "남은 조각을 거두고 버리는 것이 없게 하라." 이 말씀 속에 담겨있는 만나 정신은 과연 무엇일까요? 먼저 10절을 주목해야 합니다. '이 사람들로 앉게 하라'(요 6:10). 모두 앉았고, 한 분 주님만 서 계셨습니다. 그때 모든 사람은 주님이 서서 떡을 들고 하늘을 향해 축사하시는 것을 똑똑히 보았습니다. 그리고 떡을 나눠주셨는데 그 떡이 누군가의 손에 의해 전달되어 지금 내 손에 쥐어집니다. 맨 처음 그것을 나눠주신 분이 누구신가요? 누구로부터 이 떡이 내게 주어졌습니까?

2. 누가 주인인가?

떡의 원래 주인은 주님이십니다. 내가 지금 받아 누리고 있는 것, 원래 주인은 주님이십니다. 그러므로 '남은 조각을 거두고 버리는 것이 없도록 하라.' 이 말씀은 '그건 원래 네 것이 아니니라'란 뜻의 완곡한 표현입니다. 즉 지금 내가 갖고 있는 것, 받아 누리고 있는 것의 참 주인이 누구냐를 분별하라는 깨우침입니다.

지금 내가 받아 누리고 있는 것이 무엇입니까? 그것의 주인이 누구라고 생각하나요? 다윗은 모든 위대함과 권능과 영광이 다 주님께 속했음을 고백합니다(대상 29:11-12). 다윗 뿐만 아니라 성경의 많은 저자들은 모든 것이 다 주께 속했음을 발견했습니다. (학 2:8), (약

1:17), (시 127:3), (롬 11:36). 이 사실을 인정한다면, 주인의 뜻대로 '버리는 것이 없도록' 소중하게 잘 관리해야 합니다. 오늘 나는 어떻습니까? 하나님이 주신 가정, 배우자, 친구, 건강, 물질, 어떻게 사용하고 있습니까? 지금 받아 누리는 것들이 모두 주님의 은혜요 기적임을 고백하며 소중하게 잘 사용해야 합니다.

더 나아가 이 말씀은 육적인 배부름 후에 찾아오는 영적 위험에 대한 경고이기도 합니다. 풍요로움은 하나님의 은혜요 축복이지만, 배부름 후, 영적 위기는 예외 없이 찾아옵니다. 아담과 하와가 타락한 장소는 에덴동산, 즉 배부름의 장소였습니다. 다윗이 타락한 장소는 전쟁터가 아니라 왕궁이었습니다(삼하 11장).

그래서 모세는 경고합니다. "네가 채우지 아니한 아름다운 물건이 가득한 집을 얻게 하시며 네가 파지 아니한 우물을 차지하게 하시며 네가 심지 아니한 포도원과 감람나무를 차지하게 하사 네게 배불리 먹게 하실 때에"(신 6:11). 바로 이 때 조심하고, 하나님을 잊지 말라는 것입니다(신 6:12).

사랑하는 여러분! 하나님이 우리에게 주신 이것들을 셈할 때가 올 것입니다(눅 12:2-3). 그분 앞에서 계산할 때 부끄럽지 않도록, 하나님 뜻대로의 삶이 되도록 힘쓰는 우리 모두가 될 수 있기를 주의 이름으로 축복합니다.

▶ **학습 문제**

⑴ '남은 조각을 거두고 버리는 것이 없게 하라' 는 예수님의 말씀은 어떤 뜻입니까?

답: 그건 원래 네 것이 아니라는 주님의 말씀입니다.

(2) 우리에게 주어진 것들을 어떻게 사용해야 합니까?

　　답: 모든 것이 하나님의 은혜임을 알고 주님의 뜻에 합당하게 사용해야 합니다.

🌿 기도

하나님 아버지, 나에게 주어진 모든 것들이 하나님의 것임을 믿으며 주님의 뜻에 합당하고 사용할 수 있도록 능력과 지혜를 주옵소서. 예수님의 이름으로 기도드립니다. 아멘.

🌿 중보기도

(1) 우리에게 주어진 것을 감사와 나눔으로 사용하게 지혜를 주옵소서.

(2) 전 세계 곳곳에서 일어나는 전쟁과 기근이 멈추고 평화가 임하게 하옵소서.

▶ 만남의 준비

요나 1장 17절-2장 10절을 읽고, 내가 감사할 제목이 무엇인지 묵상해 보자.

48. 스올(SHEOL)에서의 감사

성경 : 요나 1:17-2:10 (외울 말씀 2:9)
찬송 : 435장(492), 430장(456)
주제 : 나의 생명 있음과, 영원한 생명 주심으로 인해 감사하는 삶을 살아야 합니다.

'코로나19'가 온 지구촌을 덮은 때가 있었습니다. 그때를 팬데믹(pandemic)이라고 불렀습니다. 인생의 덧없음이 드러난 고통의 팬데믹을 통과하며 나는 요나를 떠올렸습니다. 모두가 인생이란 바다를 항해하고 있기 때문입니다. 유대인들은 이 요나서를 대단히 중요하게 취급했습니다. 왜 하필이면 그들은 요나서를 낭독했을까요?

1. '마침'이라는 마술

요나는 실제적 인물로서 예수님도 여러 차례 요나를 언급하셨습니다. 특별히 유대인들은 대속죄일이면 요나서를 낭독했고 한 구절이 끝날 때마다 가슴을 두드리며 '우리는 요나와 같으니이다'라고 했습니다. 마찬가지로 우리도 불순종함에 있어서, 하나님의 낯을 피함에 있어서도, 영적 잠을 자는 점에 있어서도 요나와 같은 자들입니다. 이런 요나 앞에 '마침'(욘 1:3)이라는 마술이 펼쳐집니다. 다시스로 가는 배가 '마침' 뱃고동을 울린 것입니다. 지금으로부터 2,700년 전 변방 다시스로 가는 여객선이 욥바라는 항구에서 자주 있었을까요? 그런데 '마침' 다시스 행 여객선이 손짓을 한 것입니다. 그 순간 요나는 '마침'이란 마술에 걸려버립니다. 그리고 배의 가장 안전한 곳에 들어가 깊은 잠에 빠져들었습니다. 한숨 푹 자고 나면 원하던 목적지에 이를 것이라고 확신하면서 말입니다.

하지만 하나님은 '마침'이란 마술에 걸린 자를 그냥 두지 않으십니다. 반드시 그 잠을 깨우십니다. 하나님은 요나를 폭풍과 강한 바람과 파도로 그를 깨우십니다 그래도 일어나지 않으니 사람까지 동원하며 깨우십니다(욘 1:6). 기어코 요나를 깊은 바다에 던지시고 최후에는 물고기 배 속까지 던져 넣으시면서 기어이 '마술'에서 깨어나게 하십니다.

2. 스올에서의 감사

요나가 정신을 차려보니 '스올'이었습니다. 스올은 무덤, 땅 밑의 세계, 죽음의 상태, 지옥, 음부라는 뜻입니다(잠 1:12, 삼하 22:6, 시 18:5). 더 이상 희망을 가질 수 없는 장소, 외쳐봐도 몸부림쳐 봐도 소용없는 물고기 배 속입니다. 잠시 후면 흔적도 없이 사라져 버릴 운명에 처했습니다. 그런데 이 요나에게서 꼭 배워야 할 것이 하나 있습니다. 바로 요나의 '감사'입니다(욘 2:9). 도대체 무엇에 대한 감사였을까요?

첫째, 요나는 지금 '생명 있음'에 감사하고 있습니다(6절). 물고기에게 먹혔을 때 그는 죽은 목숨이었습니다. 그러나 기이하게도 생명이 연장되었습니다. 그래서 요나는 생명 있음에 감사하는 것입니다(욘 2:6). 지금 숨 쉬고 있습니까? 비록 주변은 칠흑같이 캄캄할지라도 나와 내 가족이 생명을 유지하고 있습니까? 내가 잘나서가 아니라, 하나님의 크신 은혜입니다. 이 사실을 깨달았을 때 요나처럼 '생명 있음'을 찬양하고 감사하는 것입니다.

둘째, 장차, '영원한 생명' 누릴 것에 감사했습니다(7절). 본문에 보면 '주의 성전'이라는 단어가 두 번이나 나옵니다(욘 2:4,7). 주의 성전은 하나님이 계시는 곳, 저 하늘나라로 요나는 그 성전에서 영원히 살 수 있는 '영원한 생명' 있음에 감사하는 것입니다. 요나는 장차 '영원한 생명' 누릴 것을 기대하며 감사하고 있는 것입니다(시 37:29, 23:6).

요나가 이 두 가지 사실을 깨닫고, 감사의 제사를 드립니다(욘 2:9). 절망적인 상황에 던져졌다 할지라도, 지금 '생명'이 있고 장차 '영원한 생명'을 누릴 것이기에, 그러므로 요나는 감사하는 것입니다.

이 감사를 드릴 때 어떤 일이 일어납니까? 하나님께서 그 어려운 환경, 그 처참함 속에서도 '감사'하는 모습, 감사의 제단을 쌓는 것을 보시고 은혜를 베푸십니다. 물고기가 요나를 육지에 토해낸 것입니다(욘 2:10). 감사는 스올에서 나를 끌어올립니다. 기적을 맛보게 하십니다(단 6:10, 요 11:41, 요 6:11, 시 50:23).

사랑하는 여러분! 여러분의 환경과 상황 때문에 감사할 조건이 없는 가요? 한 번 더 생각해 봅시다. '생명 있음'을 찬양하고 감사합시다. 더 나아가 저 하늘나라에서 영원히 누릴 '영원한 새 생명'의 소유자가 되지 않았습니까? 이 두 가지 때문에 감사하는 자들이 됩시다. 이런 자들에게 '하나님의 구원' 즉 은혜와 기적이 나타날 것입니다.

▶ 학습 문제

(1) 우리가 쉽게 빠지는 마침이란 마술은 무엇인가요?

답: 하나님 없이도 우리가 형통하고 잘 되는 것 같은 착각입니다. .

(2) 우리가 배워야 할 요나의 감사 두가지는 무엇입니까?

답: 생명 있음에 감사하는 것과, 영원한 생명을 소유하게 된 것에 대한 감사입니다.

❊ 기도

하나님 아버지, 스올과 같은 상황이 변하지 않더라도 내게 주신 생명과 영원한 하나님의 나라로 인해 감사하는 삶 살게 하옵소서. 예수님의 이름으로 기도드립니다. 아멘.

❊ 중보기도

(1) 우리의 탄식이 감사로 바뀌게 하여 주옵소서.

(2) 예수 그리스도를 모르고 살아가는 주변의 이웃들에게 예수님을 전하게 하옵소서.

▶ 만남의 준비

요한복음 16장 21절을 읽고, 주님이 사람으로 나신 기쁨을 묵상해 보자.

49. 사람 난 기쁨

성경 : 요한복음 16:21 (외울 말씀 21절)
찬송 : 104장(104), 108장(113)
주제 : 사람으로 오셔서 우리 구원자 되신 주님으로 인해 기뻐하는 삶을 살아야 합니다.

1차 세계대전이 한창이었던 1914년 12월 24일 크리스마스 이브였습니다. 칠흙같은 어둠 속에 영국군과 독일군이 참호에 몸을 숨기고 서로 대치하고 있었습니다. 어디선가 어둠을 깨고 노래 소리가 들려왔습니다. 거친 군가가 아니라, '고요한 밤, 거룩한 밤'이었습니다. 영국군과 독일군은 서로 언어는 다르지만 함께 성탄을 노래하며 하루짜리 시한부 휴전을 맺게 됩니다. 어떻게 이런 일이 가능했을까요? 이 땅에 평화의 왕으로 오신 '한 아이의 탄생' 때문입니다.

1. '여자'는 누구인가

예수님이 이 땅에서 제일 먼저 행하신 일은 가나 잔칫집에서 물을 포도주로 바꾸신 기적입니다. 이때 예수의 어머니 마리아가 예수님께 포도주가 떨어졌다고 말했습니다. 그러자 주님은 이렇게 말씀하십니다. "예수께서 이르시되 여자여 나와 무슨 상관이 있나이까 내 때가 아직 이르지 아니하였나이다"(요 2:4). 왜 예수님은 어머니를 향해 '여자'라고 하셨을까요. 그 예수님이 골고다 십자가에 못박히셔서 운명하시기 전 아래를 내려다보니, 그곳에 자기를 낳은 어머니 마리아가 계십니다. 그때도 예수님은 어머니 마리아를 향해 이렇게 말합니다. "여자여 보소서 아들이니이다 하시고"(요 19:26). 또 어머니를 향해 '여자여'라고 부릅니다. 예수님은 공생애의 시작과 끝에 어머니를 향해 '여자여'라고 말씀하셨던 겁니다.

예수님은 요한복음 16장에서 돌아가시기 직전 유언을 남기십니다. 그런데 여기서도 '여자'를 언급하십니다. "여자가 해산하게 되면 그 때가 이르렀으므로 근심하나 아기를 낳으면 세상에 사람 난 기쁨으로 말미암아 그 고통을 다시 기억하지 아니하느니라"(요 16:21). 죽음을 앞에 놓고 왜 갑자기 여자를 비유로 드셨을까요. 이 여자는 누구일까요? 다양한 견해가 있지만 특정한 여자를 염두하고 하신 말씀 같습니다. 혹시 가나에서, 그리고 십자가 위에서 '여자여' 불렀던 그 여자는 아닐까요?

지금 예수님은 죽음 직전입니다. 그때 어머니 마리아의 얼굴이 가장 먼저 떠오르지 않았을까요. 그 중에서도 특히 그 어머니 마리아가 자신을 해산했을 때에 있었던 일을 떠올리고 있습니다.

2. 사람 난 기쁨

어느 날 천사 가브리엘이 마리아에게 나타났습니다. 그리고 잉태하여 아들을 낳을 것을 예언합니다(눅 1:28-35). 이 후 마리아가 아기를 갖게 되죠. 마리아가 어떤 심정이었을까요. 천사가 '하나님의 아들'을 잉태한다고 했습니다. 대체 자기 뱃속에 꿈틀거리는 이 존재는 어떤 형태일까요. 배는 점점 불어오는데, 알 길은 없고 얼마나 답답하고 불안했을까요?

엎친데 덮친 격으로 해산의 과정도 순탄치 않았습니다. 호적을 하기 위해 베들레헴을 향했는데, 그때 마침 산기(産氣)가 나타났고 방을 구할 수 없게 되어 하는 수 없이 누추한 구유에서 해산을 할 수 밖에 없는 상황이었습니다. 세상의 모든 여자들이 겪는 고통이 찾아왔습니다. 그런데 혼자서 애기를 낳을 수 없습니다. 아마 요셉이 아기를 받지 않았을까요. 그렇다면 아이를 받던 요셉의 입에서 도대체 어떤 말이 터져 나왔을까요? "사람이다. 사람이야."

"세상에 사람 난 기쁨"(요 16:21)이란 표현을 놓치지 말아야 합니다. 여기서 사람이란 사실, 세상의 모든 여자들이 선물로 받는 바로 그 사람의 모양인 아들을 낳았다는 뜻입니다. 그렇습니다. 그날 탄생하신 아기 예수는 우리와 똑같은 사람이었습니다. 석가모니는 태어나자마자 '천상 천하 유아독존'을 외쳤다고 하지만, 아기 예수는 우리와 똑같은 사람이었습니다. 말하지도 못하고 걷지도 못하는, 우리와 전혀 다를 바 없는 모습으로 이 땅에 탄생하셨습니다. 그때 누가 가장 기뻐했을까요. 마리아 아닐까요. 이 날 하늘의 천사들, 동방박사들, 목자들, 동방박사들도 기뻐했습니다(눅 2:10-20). 하지만 마리아의 기쁨과는 견줄 수 없을 것입니다. 그 기쁨은 '세상에 사람 난 기쁨'이었습니다.

만일 주님이 우리와 똑같은 '사람'이 아니셨다면 우리의 구원자가 되실 수 없습니다. 사람으로 오셨기에 우리의 구원자가 되신 것입니다. 그러므로 세상에 '사람 난 기쁨'은 그 어떤 기쁨과도 비교할 수 없는 기쁨입니다. 이 기쁨을 누리시는 12월 되시길 바랍니다.

▶ **학습 문제**

(1) 요 16장 21절의 여자는 누구를 의미합니까?

　답: 예수님의 어머니 마리아를 가리킵니다.

(2) '사람 난 기쁨'은 어떤 기쁨입니까?

답: 예수님이 이 땅에 '사람'으로 오셔서 우리의 구원자가 된 것에 대한 기쁨
입니다.

☀ 기도

하나님 아버지, 우리를 사랑하셔서 이 땅에 사람으로 오신 주님을 기억합니다.
주님으로 인해 기뻐하는 우리 모두가 되게 하옵소서. 예수님의 이름으로 기도
드립니다. 아멘.

☀ 중보기도

(1) 우리 교회가 감사의 고백이 끊이지 않는 교회가 되게 하옵소서.
(2) 나의 삶이 감사로 풍성함을 누리는 인생이 되게 하옵소서.

▶ 만남의 준비

요한복음 6장 41-51절을 읽고, 주님이 하늘에서 내려오심이 내게 어떤 유익을
주는지 묵상해 봅시다.

50. 예수, '하늘에서' 내려오시다

성경 : 요한복음 6:41-51 (외울 말씀 51절)
찬송 : 96장(82), 126장(126)
주제 : 하늘에서 우리 구원을 위해 내려오신 주님으로 인해 감사
하는 삶을 살아야 합니다.

12월 25일을 '메리 크리스마스'라고 합니다. '메리'(merry)는 '즐거운'
이란 뜻이고 '크리스마스'(Christ Mas)는 그리스도의 Christ와 미사(예
배)의 Mas가 합쳐진 글자입니다. 한마디로 '기쁜 마음으로 예수님을
예배하는 날'이란 뜻이죠. 왜 이 날이 기쁜 날일까요?

1. 하늘에서 내려오신 분

예수님은 오늘 본문에서 자신을 이렇게 소개합니다. 참 떡(32절), 생
명의 떡(48절), 살아있는 떡(51절)이라고 말씀하시면서, 특히 이 주님
이 '하늘에서 내려오셨음'을 반복하여 강조하고 있습니다(요 6:31, 32,
33, 38, 50, 51). 공교롭게도 요한복음 6장에만 '하늘에서 내려오심'을
일곱 번이나 강조하고 계십니다. 주님이 하늘에서 내려오셨다는 말씀
을 하자, 그 말을 들은 무리들은 수군거리며(41절), 그 말을 믿을 수 없
었습니다(36절). 과연 그도 그럴것이 하늘에서 내려왔다는 말을 그 누
가 믿을 수 있을까요?

그러나 성경은 주님이 '하늘에서 내려온 분'임을 증명하는 내용들로

가득 차 있습니다. 먼저 주님은 동정녀의 몸을 통해 나셨습니다. 비록 여인의 몸을 입으셨지만 성령으로 잉태하여 나셨습니다. 바울은 예수님의 나심을 이렇게 정리합니다. "첫 사람은 땅에서 났으니 흙에 속한 자이거니와, 둘째 사람은 하늘에서 나셨느니라"(고전 15:47). 우리 주님은 하늘에서 내려오신 분입니다. 또 주님은 이 땅에서 수많은 표적을 행하셨습니다. 당시 유대인들은 메시아를 갈망했는데, 행하는 표적을 보면 메시아인지 판단할수 있다고 생각했습니다. 그래서 예수님을 향해 '하늘로부터 오는 표적'을 구합니다(마 16:1, 막 8:11). 그리고 예수님은 그들을 향해 수 많은 하늘의 표적을 행하셨습니다. 예수님이 하늘로부터 온 마지막 증거는, 하늘로 다시 올리우신 것입니다. 요한은 이렇게 말합니다. "하늘에서 내려온 자 곧 인자 외에는 하늘에 올라간 자가 없느니라"(요 3:13). 그러므로 하늘로 올려지신 예수님이야말로 하늘에서 내려오신 분이심에 틀림없습니다.

2. 하늘에서 땅으로 오신 목적

예수님이 하늘에서 오신 분인건 알겠습니다. 그런데 왜 이렇게 하늘에서 내려오신 것을 강조하실까요. 아니 그분이 왜 하늘에서 내려오셔야만 했던것인가요? 그 때 아버지 요셉, 어머니 마리아의 심리 상태는 어땠나요? 두려움이었습니다. 천사가 들판을 비출 때 목자들도 헤롯과 온 예루살렘도 크게 소동합니다.

첫 번 크리스마스 그날 밤, 모든 사람의 보편적 심리상태는 두려움과 무서움이었습니다. 두려움에 어쩔 줄 몰라 합니다. 이 무서움, 두려움은 언제, 어디에 그 뿌리를 두고 있을까요? 바로 에덴동산입니다. 그때 아담은 두려워하며 하나님 앞에 설 수 없었습니다. 왜 아담에게 두려움이 찾아왔습니까? 죄를 범했기 때문입니다. 그리고 죄로 인한

'죽음'이라는 형벌 때문에 하나님 앞에 나아갈 수 없습니다. 이 형벌 앞에 떨지 않을 자가 있을까요?

두려움을 쫓아내기 위해서는 '생명'이 다시 와야 합니다. 그런데 땅에 발 디디고 있는 모든 인간은 죄를 범했고 예외가 없습니다(롬 3:23). 그게 하나님의 공의입니다. 하지만 그가 아무리 추악한 죄인일지라도 하나님은 용서하셔야 합니다. 이게 하나님의 사랑입니다. 이 두 가지의 속성, 서로 상충되는 이 속성을 단번에 만족시키시기 위해 하나님은 육체를 입으시고 '하늘 영광 떠나 이 땅위에' 내려오시기로 작정하셨습니다. 그리고 갈보리 십자가 프로젝트를 십자가 위에서 완성하셨습니다. 십자가를 통해 공의를 만족시키시고, 사랑을 이루셨습니다.

사랑하는 여러분! 이 땅 위의 모든 것이 유한합니다. 땅 위엔 구속자가 없습니다. 영원한 생명은 오직 위에 있습니다. 그런데 하늘에 계신 중보자 우리 주님이 유한한 세상에 내려오신 겁니다. 생명의 떡으로 오신 겁니다. 이 떡을 먹으면 영생할 수 있습니다. 얼마나 복된 소식인가요? 그래서 성탄은 '메리 크리스마스' 입니다. 생명의 원천이신 그분이 하늘에서 내려오신 날이기 때문입니다. 온전한 사랑이신 그분이 우리를 지배하고 있던 두려움을 쫓아내고 영원한 생명, 즉 영생을 주시기 위해 오신 날이기 때문입니다. 그러므로 이날은 하나님께는 영광이요, 땅에서는 기뻐하신 사람들 중에 평화인 것입니다. 이 기쁨을 맛보는 복된 12월 되시길 바랍니다.

▶ 학습 문제

(1) 요한복음 6장에서 예수님은 자신을 어떻게 표현하고 계십니까?

답: 하늘에서 내려온 생명의 떡이라고 말씀하십니다.

(2) 예수님은 왜 하늘에서 이 땅으로 내려오셨습니까?

　　답: 우리의 죄 문제를 해결하시고 영원한 생명을 주시고자 생명의 떡으로
　　오셨습니다.

⚜ 기도

하나님 아버지, 하늘 보좌에 계시지 않고 낮은 곳으로 내려오신 주님의 은혜에
감사드립니다. 우리도 주님을 닮아 낮아지게 하옵소서. 예수님의 이름으로 기
도드립니다. 아멘.

⚜ 중보기도

(1) 우리 교회가 복음의 능력을 온전히 붙잡게 하옵소서.

(2) 우리 교회가 하나님의 인도함을 받아 사명 감당하는 교회가 되게 하옵소서.

▶ 만남의 준비

요한복음 12장 26-33절을 읽고, 내가 지금 어디에 집중하고 있는지, 무엇을 집
중해야 하는지 묵상해 봅시다.

51. 하늘에서 들린 소리

성경 : 요한복음 12:26-33 (외울 말씀 28절)
찬송 : 540장(219), 114장(114)
주제 : 하나님께 집중해서 우릴 향하신 음성에 귀기울여야 합니다.

선택적 지각(selective perception)이라는 심리학 용어가 있습니다. 내가 접하는 수많은 정보들 중에서 필요한 것만 골라 인지하는 것입니다. 똑같은 정보를 접하지만 자신이 보고 싶은 것만 보려하고 듣고 싶은 소리만 들으려 합니다. 내 성향과 다른 어떤 정보에는 아예 귀를 닫아 버리고 눈을 감아 버립니다. 이것을 확증편향(confirmation bias)이라고 합니다.

1. 하늘에서 난 소리

오늘 본문을 보시면, 하늘에서 소리가 들렸다고 합니다. "내가 이미 영광스럽게 하였고, 또 다시 영광스럽게 하리라."(28절) 이 음성은 과연 어떤 소리였을까요? 예수님만 알아 들을 수 있었던, 그래서 사람은 들을 수 없는 그런 하늘방언 같은 소리였을까요? 아닐겁니다. 예수님은 "이 소리가 난 것은 난 것은 나를 위한 것이 아니요 너희를 위한 것이니라"(요 12:30). 라고 말씀하십니다. 그런데 이 소리 앞에 무리들이 어떤 반응을 보이나요? "곁에 서서 들은 무리는 천둥이 울었다고도 하며 또 어떤 이들은 천사가 그에게 말하였다고도 하니"(요 12:29).

그들은 주님과 똑같은 시간에 똑같은 장소에서 똑같은 소리를 들었습니다. 그런데 어찌 주님께선 분명하고 똑똑한 하나님의 말씀으로 들으셨으며, 그 곁에 있던 무리들은 단순한 천둥소리, 알아들을 수 없는 천사의 소리로 들렸을까요?

그것은 관심과 집중의 차이였습니다. 선택적 지각, 확증편향 때문이었습니다. 우리도 이런 경험을 흔히 하지 않나요. 지금 어디에 관심을 두고 있는지, 무엇에 집중하는지에 따라 내 귀에 들리는 소리의 내용, 질, 능력이 달라집니다. 그렇다면 무리들은 그때 어디에, 무엇에 집중하고 있었습니까. 어떤 이들은 세상 영광에 온 관심을 집중하고 있었습니다(요 12:43). 또 어떤 이들은 세상 권세와 자리만을 탐냈습니다(마 20:21). 그러면서 누가 크고 높은지 다툼까지 합니다(눅 22:24). 또 어떤 이는 예수를 팔려는 생각에 골몰하고 있습니다(요 13:2). 그래서 하늘의 음성이 들리지 않는 겁니다.

2. 어디에 집중하고 있는가?

그럼 주님의 관심사는 무엇이었으며, 어디에 집중하고 계셨을까요? 주님은 세 가지, 십자가와 하나님의 때와 하나님의 영광에 집중하고 계셨습니다(요 12:27-28). 십자가도 하나님의 뜻이요, 때도 하나님의 때요, 영광도 하나님의 영광입니다. 예수님이 집중하셨던 이 세 가지는 한결같이 하나님과 깊은 관련이 있습니다. 주님의 관심사는 온통 하나님이십니다. 한마디로 위의 것을 찾고 계셨습니다(골 3:1). 이런 주님께 하늘소리가 들렸고, 그 소리가 무엇인지 분명하게 인지하셨습니다.

하나님은 자연, 환경, 사람, 사건을 통해서 끊임없이 말씀하십니다. 우리가 위의 것을 찾고 하나님께 집중하면 하늘의 음성이 들려옵니다. 그런데 세상의 것에 집착하면, 귀가 가려져 하나님의 음성이 들리지 않습니다. 그러한 사람은 자신의 기존 인지체계와 일치하거나 자신에게 유리한 것만 선택적으로 받아들이는 선택적 지각을 하게 됩니다. 나에게 유리할 것 같은 정보 즉, 자신이 듣고 싶은 것만 듣고, 보고 싶은 것만 보는 데 익숙해집니다.

성탄의 계절입니다. 이천년 전 그때 요셉과 마리아는 어디에 집중했었나요. 요셉은 주의 사자의 메시지를 분명히 들었습니다(마 1:19-21). 마리아도 마찬가지입니다. 천사의 말에 '내게 이루어지이다'하고 화답합니다(눅 1:28-38). 첫 번 크리스마스, 그날은 하늘의 소리가 들린 날입니다. 저들은 그때 하늘의 음성을 똑똑히 들었습니다. 그 음성은 도무지 자신의 인지체계와 경험, 이성으로는 받아들일 수 없었지만 그 말씀이 하나님의 말씀임을 알았기에 '예' 했습니다. 그 결과 아기 예수를 잉태하는 축복을 누리게 된 것입니다.

사랑하는 여러분! 많은 이들이 예배시간에 같은 장소에서 함께 예배드립니다. 그런데 모두가 과연 같은 음성을 듣고 있을까요? 오늘도 하나님은 우리 삶의 현장에서 끊임없이 말씀하십니다. 과연 여러분은 하늘의 소리를 듣고 있습니까? 요셉과 마리아처럼 하늘의 음성을 듣는 영적 귀가 열릴 수 있기를 바랍니다.

▶ 학습 문제

(1) 하늘의 소리가 날 때 무리들은 그 소리를 어떻게 들었습니까?

답: 천둥소리, 천사의 소리로 오해했습니다.

(2) 예수님은 어디에, 무엇에 관심을 두고 집중하고 계셨습니까?

답: 하나님의 뜻과 하나님의 때와 하나님의 영광에 관심을 갖고 집중하셨습니다.

🌿 기도

하나님 아버지, 우리가 이 땅에 살지만 하늘을 바라보며, 하나님께 집중할 때 우릴 향하신 하늘의 소리 듣게 하여 주옵소서. 예수님의 이름으로 기도드립니다. 아멘.

🌿 중보기도

(1) 우리 교회가 주님의 소리를 온전히 분별하여 듣는 교회가 되게 하여 주옵소서.

(2) 우리 교회가 내년에 더 풍성하게 주님의 뜻을 실현하는 교회가 되게 하옵소서.

▶ 만남의 준비

요한복음 16장 25-33절을 읽고, 한 해의 마지막 주일, 내가 답변해야 할 것은 무엇인지 진지하게 세 가지 질문 앞에 서 봅시다.

52. 마지막 날, 마지막 밤

성경 : 요한복음 16장 25-33절 (외울 말씀 33절)
찬송 : 552장(358), 301장(460)
주제 : 주님이 십자가 지기 전 세가지 답변을 하신것처럼 우리도
그래야 합니다.

한 해의 마지막 주일입니다. 한 해동안 어떤 은혜를 입으셨나요. 생각해 보면 한 해동안 가장 큰 은혜를 입은 사람은 바로 여러분 자신일 것입니다. 그냥 그 자리에 고꾸라져 넘어질수도 있는 우리들을, 하나님은 아담을 부르시듯, 따듯한 목소리로 부르시고 찾아와 주셨습니다. 낙심한 자리에서 깨워주시고 살려주셨습니다. 그래서 한 해 마지막 주일까지 우리가 서게 하신 것입니다.

1. 마지막 날, 세 가지 질문

오늘 본문은 십자가 직전, 마지막 날, 마지막 밤에 있었던 일입니다. 그 마지막 날, 마지막 밤에 주님은 어떤 행적을 남기시나요? 죽음을 앞에 두신 주님께서 마지막으로 어떤 교훈을 우리에게 주시나요. "보라 너희가 다 각각 제 곳으로 흩어지고 나를 혼자 둘 때가 오나니 벌써 왔도다. 그러나 내가 혼자 있는 것이 아니라 아버지께서 나와 함께 계시느니라"(요 16:32). 이 말씀의 강조점은 하반절입니다. 주님은 지금 이 말씀을 통해 자신이 어디에 계신지 밝히십니다. 즉 주님은 "네가 어디

있느냐?"란 질문에 답하고 계신것입니다. 우리에게 주는 교훈이 뭘까요. 누구든지 마지막에 해야 할 답이 있다는 것입니다. 존재론적인 질문, 바로 "네가 어디있느냐?"라는 질문에 답해야 한다는 것입니다.

이어지는 33절은 이렇습니다. "이것을 너희에게 이르는 것은 너희로 내 안에서 평안을 누리게 하려 함이라. 세상에서는 너희가 환난을 당하나 담대하라. 내가 세상을 이기었노라"(요 16:33). 이 말씀의 뜻은 무엇일까요? "너희로 내 안에서 평안을 누리게 하려함이라." 이 말씀은 이웃과 어떤 관계를 가졌는지에 관한 것입니다. 다시 말하면 '네 형제가 어디있느냐'에 대한 주님의 답변입니다. '내 곁의 사람들이 나로 말미암아 평안을 누리는 것' 그게 주님의 꿈이요 목표였다는 말씀입니다. 마지막 날, 마지막 밤에 주님은 관계론적 질문에 대한 답을 하신 후, 십자가를 향해 나아가십니다. 마지막 날 우리도 이 질문에 답해야 합니다. 우리 이웃과의 관계에 대해 어떻게 답해야 할지 준비해야 합니다.

마지막으로, 28절을 말씀은 이렇습니다. "내가 아버지에게서 나와 세상에 왔고 다시 세상을 떠나 아버지께로 가노라 하시니"(요 16:28). 주님은 지금 분명하고 선명하게 '아버지께로부터 나와 다시 아버지께로 가신다.' 고 말씀하십니다. 그러니까 이것은 종말론적인 물음 '네가 어디서부터 왔으며, 어디로 가느냐?'에 대한 주님의 답변입니다. 마지막 날, 마지막 밤 끝자락에 주님은 이 물음에 한 치의 흔들림이 없으셨습니다.

2. 한 해의 마지막 주, 우리의 대답

한 해의 끝자락입니다. 이 중요한 시점에 마지막 날, 마지막 밤의 교훈을 놓치지 말아야 합니다. 주님은 그 마지막 날, 마지막 밤에 세 가지 질문에 대해 답하셨습니다. 그러므로 오늘 같은 날, 우리도 이 질문 앞에 정직하게 대답을 해야 합니다.

첫째, '네가 어디 있느냐?' 이 물음에 정직하게 답할 수 있는 자라면 하나님 앞에 부끄러울 것이 없을 것입니다.

둘째, '네 형제는 어디에 있는가?' 내 곁의 사람들과 어떤 관계를 가지셨습니까? 나의 관심사, 비전, 꿈, 목표는 무엇이었고, 무엇을 위하여 땀, 시간, 정력, 달란트, 관심을 쏟았습니까? 우린 정직하게 답변해야 합니다.

셋째, '나는 어디서 왔으며, 어디로 가는가?' 어떻게 답변하시겠습니까. 하나님으로부터 왔기에 하나님 앞으로 간다고 당당하게 말할 수 있을까요?

사랑하는 성도님들! 한 해를 마무리하며 새해를 준비하는 이 때에 우리가 세 가지 질문 앞에 진지하게 서기 바랍니다. 그리고 회개하는 시간을 가집시다. 우리 주님께서 그런 자들에게 크신 은혜 베풀어 주실 것입니다. 진노 중에도 긍휼을 잊지 않으실 것입니다.

▶ **학습 문제**

(1) 십자가 직전, 주님은 세 가지 질문에 대한 답을 하십니다. 세 가지 질문은 뭡니까?

　답: '네가 어디 있느냐?', '네 형제가 어디 있느냐?', '네가 어디서부터 왔으며 어디로 가느냐' 세가지 질문입니다.

(2) 한 해를 마무리 하며 우린 어떤 자세로 나아가야 합니까?

　답: 우리도 진지하고 정직하게, 주님이 답하신 질문 앞에 서야 합니다.

기도

 하나님 아버지, 십자가 앞두신 주님의 말씀을 예수님의 이름으로 기도드립니다. 아멘.

중보기도

(1) 우리 교회가 주님의 소리를 온전히 분별하여 듣는 교회가 되게 하여 주옵소서.

(2) 우리 교회가 내년에 더 풍성하게 주님의 뜻을 실현하는 교회가 되게 하옵소서.

▶ 만남의 준비

새해에도 새 마음으로 새롭게 만나요.

■ 구역원 명부 ■

(　　　　구)

번호	이름	생년월일	직업	가족수	연락처
1					
2					
3					
4					
5					
6					
7					
8					
9					
10					
11					
12					
13					
14					
15					
16					
17					
18					
19					
20					
21					
22					
23					
24					
25					

■ 구역 출석부 ■

번호	이 름	주\월일	27	28	29	30	31	32	33	34	35	36	37	38
1														
2														
3														
4														
5														
6														
7														
8														
9														
10														
11														
12														
13														
14														
15														
16														
17														
18														
19														
20														
21														
22														
23														
24														
25														
통계란	출 석														
	결 석														
	현 금														

(개인계)

39	40	41	42	43	44	45	46	47	48	49	50	51	52		출석	결석	현금	